Barbara Cratzius *Frühling im Kindergarten*

Barbara Cratzius

Frühling
im Kindergarten

*Mit vielen Illustrationen
von Barbara Moßmann*

Herder
Freiburg · Basel · Wien

Alle Lieder dieses Buches
sind zusammengefaßt in der Begleit-Kassette
„Was blitzt da unterm Schnee" (Lieder zum Frühjahr).
© bei den Autoren.
Sie können diese MC käuflich erwerben bei
Musikbär Verlag Paul G. Walter, Eichenweg 15 a, 69198 Schriesheim,
Telefon 0 62 03 / 6 37 75.

10. Auflage

Weitere Autoren, deren Texte/Liedkompositionen in dieses Buch
aufgenommen wurden: Chr. Busta, S. Ehrhardt, H. Ring,
E. Scharafat, E. Schraven, L. Tolstoi, P. G. Walter, U. Weber.

Notengraphik: Herbert Ring
Einbandfoto: Hartmut W. Schmidt

Alle Rechte vorbehalten – Printed in Germany
© Verlag Herder Freiburg im Breisgau 1988
Herstellung: Freiburger Graphische Betriebe 1994
ISBN 3-451-21261-7

Mit Kindern den Frühling erleben

In meiner jahrelangen Arbeit mit Kindern habe ich es immer als sehr anstrengend empfunden, jedes Jahr aus verschiedenen Büchern, Zeitschriften oder anderen Handreichungen erneut und mühsam Anregungen für die jeweils jahreszeitlich bedingte Situation zusammensuchen zu müssen.

Da es anderen im Erzieherberuf ähnlich gehen könnte, reifte in mir der Plan, diesem „Mangel" abzuhelfen. So entstand das vorliegende Buch. Es sollte für die Praxis des Kindergartens eine leicht zugängliche Fundgrube sein, aus der die Erzieherin je nach Bedarf herausnimmt, was sie für ihre jeweilige Situation und die passenden Gestaltungsmöglichkeiten benötigt: Gedichte, Fingerspiele, Rätsel, Zungenbrecher, Abzählverse, Erzählungen – Geschichten, Lieder, Klanggeschichten, Kreisspiele, Vorschläge zum Basteln und für die bildhafte Darstellung, Naturbeobachtungen und Rezepte für Vollwertkost im Frühling.

Diese vielen verschiedenen Anregungen sind also zunächst als Impulse gedacht für die eigene kreative Ausgestaltung des großen Themas „Wir freuen uns auf den Frühling".

Mit Ihnen werden die Kinder in den Texten dieses Buches viele Bilder entdecken – die strahlende helle Frühlingssonne, die mit leuchtenden Fingerfarben dargestellt werden kann – die Schmetterlinge, Weidenkätzchen und Osterhasen, die wir mit Fingerdrucken, Filzstiften oder Buntstiften aufs Papier zaubern. Aber nicht nur die bildnerische Gestaltungsfähigkeit der Kinder kann angeregt werden. Die vielen Vorschläge und Ideen sollen mithelfen, das Erlebnis des Frühlings lebendig werden zu lassen.

Jedes Jahr wiederholen sich im Kindergarten und in der Familie die Ereignisse, die die Jahreszeiten uns schenken. In der jährlichen Wiederholung werden diese Eindrücke bewußter und mit intensiver Erwartungshaltung erlebt, wenn wir die Kinder mit Hingabe und Muße an diese wiederkehrenden Erlebnisse heranführen. „Da aber in 12 Monaten die kognitiv-emotionalen Fähigkeiten der Kinder weitergewachsen sind und auch die sprachlichen Möglichkeiten sich ausgeweitet haben, führt die ‚Refrain-Begegnung' zu vertiefenden, zum Teil auch zu ganz neuen Erfahrungen."*

---

* Vgl. Wolfgang Longardt, Leben im Jahreskreis 1: Frühling und Sommer im Kindergarten (Reihe: praxisbuch kindergarten), Verlag Herder, Freiburg, Seite 17.

So können wir uns jedes Jahr wieder mit den Kindern im Frühling auf die lustige Verkleidung und die Spiele beim Fasching, auf die ersten Murmelspiele draußen in der Sandkiste, auf Beobachtungen beim Keimen und Wachsen von Pflanzen, auf Entdeckungen bei gemeinsamen Wanderungen im Stadtpark oder auf der nahegelegenen Frühlingswiese freuen.

Die Erlebnisse, die uns die Jahreszeiten im Zusammensein mit den Kindern jedes Jahr neu bieten, führen so zu bleibenden Erfahrungen und werden lebenslanger Besitz.

Barbara Cratzius

Inhalt

1. Ich sing das Lied des Frühlings 11
2. Frühling, Frühling, wir warten sehr 17
3. Was blitzt da unterm Schnee? 31
4. Guten Morgen, lieber Schmetterling! 43
5. Kommt in unsern Kinderkreis! 69
6. Spring doch, kleiner Osterhas! 85
7. Die Ostersonne macht unsere Herzen froh (Christlicher Osterkreis) 109

Unter den obigen Kapitelüberschriften finden Sie an den angegebenen Seiten viele Texte und Gestaltungsvorschläge in der Reihenfolge des Buches.

Das nachfolgende Inhaltsverzeichnis will Ihnen durch die Ordnung nach Stichworten die Suche nach bestimmten Texten und Gestaltungsvorschlägen erleichtern.

ABZÄHLVERSE

Abzählverse im Frühling 24
Ditsche – datsche – dum 77
1, 2, 3 und du bist raus! 100
Knicke, knacke 104

BASTELVORSCHLÄGE

(Herstellen verschiedener Dinge)

Bunte Frühlingsblumen schmücken unsern Tisch 16
Zarter Frühlingsschmetterling 30
Marienkäfer – Zettelklammer 62
Girlanden zum Faschingsfest/Fastnacht 72
Braune Häschen zum Aufhängen . . . 101
Buntes Osternest 102
Kressebeet mit Eierschmuck 102
Ein Osternest 103
Wir schneiden und kleben ein „Ostereiersuchbild" 105
Tischschmuck für den Ostertisch: Hähne und Hennen 106
Wir verzieren eine Osterkerze 119
Wir binden und schmücken einen Osterkranz 124
Wir färben und bemalen Ostereier . . 125

INHALT

BEWEGUNGSSPIELE

Das Märchen vom Himmelsschlüsselchen	18
Was die Frühlingssonne macht	20
Frühlingsregen	21
Du frecher, frecher Vogel du!	51
Das Lied vom kleinen Hasen	90

BILDHAFTES GESTALTEN

Das Märchen vom Himmelsschlüsselchen	18
Wir gestalten mit Fingerabdrucken	22
Kleine Kerne, braune Kerne	38
Eine Wiesenmalgeschichte	39
Von Raupe und Schmetterling	63
Einzug in Jerusalem	113
Hähne zum Ausmalen	115

BRAUCHTUM

Palmbuschen	115
Wir binden und schmücken einen Osterkranz	124
Wir färben Ostereier	125
Wir backen Osterfiguren	125

ERZÄHLUNGEN – GESCHICHTEN

Freu dich auf den Frühling	14
Das Märchen vom Himmelsschlüsselchen	18
Frühlingsabendbrot	28
In der Hecke tut sich was	32
Wie die weiße Tulpenblüte grün wird	36
Manuels Geheimnis (auch als Hörspiel)	44
Der Eindringling	50
Guck, guck – nun leg dein Ei geschwind	53
Die Geschichte vom unzufriedenen kleinen Marienkäfer	58
Unsere Raupen – unsere Schmetterlinge	64
Wie die Hasen ihre weiße Blume bekommen haben	86
Vom kleinen Hasen, der keine Angst mehr hatte	94
Ob ich zu Ostern wieder nach Hause darf?	126

Nacherzählungen von Evangeliumstexten:

Jesus segnet die Kinder	112
Jesus und Zachäus	112
Einzug in Jerusalem	113
Vom letzten Abendmahl	117
Auf dem Weg nach Emmaus	120
Die Gemeinschaft am See Genezareth	123

FINGERSPIELE

Was die Frühlingssonne macht	20
Frühlingsregen	20
Tausend kleine Regentropfen	22
Kleine Kerne, braune Kerne	38
Fünf Bäume	40
Du frecher, frecher Vogel du!	51
Ach, du kleine Schnecke	66
Das Lied vom kleinen Hasen	90
Schaut, da hockt im grünen Gras	92
Eine Hasengeschichte	93
Habt ihr den dunklen Habicht gesehen?	97
Fünf Hühnchen hab' ich im Hühnerstall	98

GEBETE/TISCHGEBETE

Tischgebete zur Osterzeit	116
Wir beten zur Osterzeit	122

GEDICHTE

Frühlingstag	12
Die Frühlingssonne	13
Was die Kinder zum Frühling sagen	15
Was die Frühlingssonne macht	20
Frühlingsregen	21
Mal ein Bild vom Monat März – April – Mai und Juni	26
Du frecher, frecher Vogel du!	51
Von Raupe und Schmetterling	63
Ach, du kleine Schnecke	66
Verdrehte Welt	70
Was heute nacht passiert ist	74
April – April	82
Lustiges Tierkonzert	84
Kathrinchen sagt: Im Grase, schau	104

KLANGSPIELE, -GESCHICHTEN

Das Märchen vom Himmelsschlüsselchen	18
Was die Frühlingssonne macht	20
Frühlingsregen	21
Die Geschichte vom unzufriedenen kleinen Marienkäfer	58
Von Raupe und Schmetterling	63

LIEDER

Winter ade	13
Was blitzt da unterm Schnee	32
Gänseblümchen	37
Vom Löwenzahn zur Pusteblume	42
Kleiner Vogel am Fenster	52
Schnicke, Schnacke, Schnecke	67
Schmetterlingslied	68
Das wird toll	71
Das ist lustig	76
Das Lied vom kleinen Hasen	90
Hoppelhäschen, Hasenohr	108
Lied vom Einzug in Jerusalem	114
Osterlied für Kinder beim gemeinsamen Mahl	118
Lied der Emmausjünger	121
Osterlied für Kinder	124

NATURBEOBACHTUNGEN

„Experimente" mit Grassaat	34
Wie die weiße Tulpenblüte grün wird	35
Unsere Raupen – unsere Schmetterlinge	64
Wetterkalender	83

RÄTSEL – RÄTSELGESCHICHTEN

Es schwingt sich über die Berge	25
Ich kenne ein kleines Kätzchen	41
Kennst du am Waldrand das kleine Haus?	57

REZEPTE

Löwenzahnsalat	29
Wir backen Roggenbrötchen	29
Glockenblumentrunk	81
Schmetterlingstrunk mit Tauperlen	81
Hexe Kaukaus Zaubermix	81
Frühlingssalat: Häschenschmaus	102
Wir backen Osterfiguren	125

SPIELE

(Würfelspiele, Kreisspiele u. a.)

Frühlingsblume	41
Alle Vögel fliegen hoch	57

Inhalt

Spiel vom Hampelmann	78
Hüpfspiel im Frühling	79
Spiel und Spaß	79
Storch im Salat	80
Alle unsere Tiere	80
Osterhasenspiel	98
Wo ist der „ernste" Osterhase	99
Blase, blase wie der Wind!	99
Das kranke Häschen	100
Eierrollen	100
Spiel mit Osterkerzen	119

WORTERGÄNZUNGEN/REIME

Hast du die Blümchen im Schnee gesehen?	40
Wer kann die schönsten Reime finden	75
Osterhasenverse	91

ZUNGENBRECHER

Der Fußball von Fritz…	77

1 Ich sing das Lied des Frühlings

Frühlingstag: Ich sing das Lied des Frühlings	GEDICHT	12
Winter ade: Januar, Februar	LIED	13
Die Frühlingssonne	GEDICHT	13
Freu dich auf den Frühling	ERZÄHLUNG – GESCHICHTE	14
Was die Kinder zum Frühling sagen	GEDICHT	15
Bunte Frühlingsblumen schmücken unsern Tisch .	BASTELVORSCHLAG	16

Frühlingstag

Ich sing das Lied des Frühlings,
ein Lied vom Kranichzug,
vom Rauschen ihrer Schwingen
auf ihrem weiten Flug.

Ich hör die Quelle sprudeln
aus Tiefen hell empor.
Der Wind streicht durch die Gräser,
es rauscht am See das Rohr.

Der Haselstrauch wird grüner,
es treibt aus dem Geäst.
Schon baut die Amsel wieder
im hohen Baum ihr Nest.

Ich sing das Lied des Frühlings
mit Licht und Vogelschlag,
mit Sonne, Wind und Wolke:
so hell ist dieser Tag.

Ich sing das Lied des Frühlings
mit Licht und Vogelruf
und danke Gott, dem Herren,
der diese Welt erschuf.

Winter ade

Text: Barbara Cratzius   Melodie: Paul G. Walter

1. Ja-nu-ar und Feb-ru-ar, ich sag euch a-de!
Sturm, nun putz den Him-mel blank und tau weg den Schnee!

2. März, komm her, wo bleibst denn du?
Los, wir warten sehr!
Sonne, putz die Augen blank,
schick den Frühling her!

3. Kalter Winter, deine Zeit
ist doch nun vorbei.
Und ich putz mein Dreirad blank!
Auf geht's! Los! Juchhei!

4. Immer schneller läuft mein Rad,
keiner holt mich ein.
Und ich freu mich jeden Tag
übern Sonnenschein.

Die Frühlingssonne

Unhörbar wie eine Katze
kommt sie über die Dächer,
springt in die Gassen hinunter,
läuft durch Wiesen und Wald.

Oh, sie ist hungrig! Aus jedem
verborgenen Winkel schleckt sie
mit ihrer goldenen Zunge den Schnee.

Er schwindet dahin wie Milch
in einer Katzenschüssel.
Bald ist die Erde wieder blank.

Die Zwiebelchen unter dem Gras
spüren die Wärme ihrer Pfoten
und beginnen neugierig zu sprießen.

Eins nach dem andern blüht auf:
Schneeglöckchen, Krokus und Tulpe,
weiß, gelb, lila und rot.
Die zufriedene Katze strahlt.

Christine Busta

Aus: Die Zauberin Frau Zappelzeh,
Otto Müller Verlag, Salzburg

Freu dich auf den Frühling

Michael sucht in seinem Schrank nach seinem kleinen roten Feuerwehrauto. Da fallen ihm auf einmal die Badekappe und die Badehose in die Hände. – „Mami", ruft er, „ist das Wasser draußen bald warm genug? Ich hab solche Lust, baden zu gehen!" – „Bis zum Sommer müssen wir noch eine Weile warten", lacht die Mutter. „Guck mal aus dem Fenster, die Bäume sind ja noch ganz kahl! Die ersten Schneeglöckchen strecken gerade ihre Köpfe aus der Erde, aber sonst blühen noch keine Blumen. Wir wollen uns doch erst mal auf den Frühling freuen!" – „Schade", sagt Michael, „am liebsten möcht ich, daß bald ganz Sommer ist!" „Ich glaube, das wäre gar nicht so gut", lacht die Mutter. „Dann würdest du gar nicht erleben, wie die Tulpen und Osterglocken anfangen zu blühen und wie die Schmetterlinge aus ihrer Puppe herauskriechen. Und du hast dich doch immer so gefreut, wenn du die ersten Schwalben und Stare gesehen hast! Wenn der Schneematsch draußen auf der Straße ganz weggetaut ist, dann kannst du doch mit deinem neuen Fahrrad und dem bunten Wimpel lossausen! Und auf dem Spielplatz kannst du wieder die Rutsche runterrutschen! Fasching wollen wir doch auch zusammen feiern! Und zu Ostern – da willst du doch Ostereier suchen!" – „Ach ja", meint Michael zögernd, „eigentlich freu ich mich doch auf den Frühling. Nein, einfach so den Frühling überschlagen, das wäre doch nicht so gut!"

Was die Kinder zum Frühling sagen

Bitte schieb die Wolken weg,
daß die Frühlingssonne durchscheinen kann.
Zieh den Seen und Flüssen die dicke Eisdecke herunter,
daß die Fische wieder springen und die Frösche quaken können.

Ruf die Schwalben und Störche aus Afrika zurück
und schenk den Bäumen ein dichtes Blätterkleid,
daß die Vögel ihre Nester bauen können.
Tau den Schneematsch von den Straßen weg,
wir wollen Murmeln und Ball und Hinkehops spielen.

Weck die Igel unter dem Komposthaufen und die Mäuse
und Maulwürfe in der Erde auf.
Und sag zu den schlafenden Schmetterlingen in ihrer Puppe:
Kommt heraus, die Weidenkätzchen warten schon auf euch
und auch die Märzbecher und die ersten Osterglocken!

Sag zu den Hennen: Legt ganz viele Eier für die Osternester!
Und zu den Hasen: Wascht die Pinsel sauber und stellt
die Farbtöpfe bereit!
Denn die Kinder wünschen sich viele bunte Ostereier
im Frühling.

Bastelvorschlag

Bunte Frühlingsblumen schmücken unsern Tisch

Wir brauchen dazu leere Rollen von Toilettenpapier, lila, blaues, rosa und weißes Krepp- oder Seidenpapier, grünes Tonpapier und Klebstoff. Wir bekleben oder bemalen zunächst die Toilettenrolle mit grüner Farbe. Dann reißen oder schneiden wir uns kleine Quadrate (etwa 5 x 5 cm) zurecht. Diese knüllen wir zu Kügelchen zusammen. Wir kleben die Kügelchen dicht an dicht um die Papprolle herum. Unten lassen wir ein Stück frei, weil dort die Blätter ans Tonpapier hingeklebt werden sollen. Bald werden viele leuchtende Hyazinthen unsere Tische schmücken.

Aus zusammengeknüllten Papierkügelchen könnt ihr noch weitere Blüten herstellen. Ihr schneidet euch aus Tonpapier Kreise zurecht und beklebt sie dicht an dicht mit verschiedenfarbigen Kügelchen. Dabei könnt ihr euch schöne Muster ausdenken. Ringsherum klebt ihr die Kelchblätter aus grünem Tonpapier. Diese Blüten können als Schmuck auf dem Tisch liegen. Ihr könnt sie aber auch von beiden Seiten bekleben und frei im Raum hängen lassen.

2 Frühling, Frühling, wir warten sehr!

Das Märchen vom Himmelsschlüsselchen	ERZÄHLUNG – GESCHICHTE	18
Was die Frühlingssonne macht	GEDICHT	20
Frühlingsregen	GEDICHT	21
Tausend kleine Regentropfen	FINGERSPIEL	22
Wir gestalten mit Fingerabdrucken	BILDHAFTE GESTALTUNG	22
Abzählreime im Frühling	ABZÄHLVERSE	24
Es schwingt sich über die Berge	RÄTSEL	25
Mal ein Bild vom Monat März – April – Mai und Juni	GEDICHTE	26
Frühlingsabendbrot	ERZÄHLUNG – GESCHICHTE	28
Wir backen Roggenbrötchen	REZEPT	29
Löwenzahnsalat	REZEPT	29
Zarter Frühlingsschmetterling	BASTELVORSCHLAG	30

Das Märchen vom Himmelsschlüsselchen

In der Welt war es dunkel und kalt. Der Eiswind brauste über die kahlen Äcker. Die Wiesen und Wälder waren dick mit Schnee bedeckt.
Tief in der Erde schliefen die Tiere. Die Feldmäuse und der Maulwurf, der Dachs und der Regenwurm hatten sich tiefe Gänge in die Erde gegraben und merkten nichts von Schnee und Kälte.
Aber die Häschen hockten frierend am Ackerrand, und die Rehe nagten vor Hunger an den Rinden der Bäume. Die Amseln plusterten sich in den kahlen Zweigen auf, und die Krähen schrien laut vor Hunger in ihrem dunklen Krähenbaum.
Ein kleiner Marienkäfer, der sich mit vielen anderen Käfern unter der Efeuhecke verkrochen hatte, blinzelte aus dem Laub hervor und piepste mit seinem feinen Stimmchen:

>   Frühling, Frühling, wir warten sehr,
>   komm doch bitte endlich her.
>   Sag der Sonne auch Bescheid,
>   schenk den Bäumen ein grünes Kleid.

Und wirklich – der Frühling hatte ganz von fern das feine Stimmchen gehört. Er pustete die grauen Schneewolken fort, und die Sonne konnte mit ihren Strahlen die Erde erwärmen. Schnee und Eis tauten auf. Die Bäche begannen zu glucksen und zu sprudeln. Die Gräser fingen an zu sprießen. Am Himmel erschienen die ersten Schwärme der Zugvögel. Die Amseln und Finken saßen auf der höchsten Spitze der Tanne und zwitscherten ein fröhliches Lied. Die Kinder zogen ihre dicken Pullover und die Handschuhe aus und holten ihre Dreiräder und Rollschuhe heraus.
Der Frühling eilte von Dorf zu Dorf, von Wiese zu Wiese. Er strich über die kahlen Buchenzweige und

über die erstarrten Seen. Er war schon ganz außer
Atem. Plötzlich rief er entsetzt:

> O weh – ich hab meinen Schlüssel verloren
> und hatte ihn eben noch in der Hand.
> – weh – wenn ich den Schlüssel nicht finde,
> dann zieht der Winter über das Land.

In der Nacht hörten die Blumen und Tiere wieder den Winterwind brausen. Die kleinen Narzissen, die Märzbecher und die grünen Blattspitzen zogen sich zitternd zusammen. Der Igel, der sein Schnäuzlein schon aus dem Blätterversteck gesteckt hatte, kroch frierend wieder in seine Höhle zurück. Und der Maulwurf warf nur eine Schaufel Erde auf den harten Acker, dann schlüpfte er schnell wieder in seinen warmen Gang zurück.
Der Frühling selbst begann vor Kälte zu zittern. Er suchte und suchte. Ganz traurig war er. Da begegnete er einem Blümchen, das streckte unter dem welken Laub seine hellen gelben Blütenblätter hervor. Der Frühling bat:

> Du hast so blanke helle Augen,
> wo ist mein goldner Schlüssel nur?
> Komm mit und hilf mir bitte suchen,
> vielleicht entdeckst du seine Spur.

Das Blümchen ging mit und guckte unter jedes Blatt, in alle Ecken und Winkel. Endlich sah es den goldenen Schlüssel unter braunen Blättern schimmern. „Ich hab ihn", rief es dem Frühling zu. „Ich dank dir, liebes Blümchen", sagte der Frühling glücklich. „Hast du schon einen Namen?" Das Blümchen schüttelte die gelben Glöckchen und schwieg. – „So sollst du zum Dank Himmelsschlüsselchen heißen", sagte der Frühling.

Zu dieser Geschichte gibt es verschiedene Gestaltungsvorschläge. Wir können die Schlüsselblume, den Marienkäfer und Igel als Fingerdruck und mit Fingerfarben gestalten. Wir können den Schlüssel (mit Goldpapier vergoldet) im Raum verstecken und die Kinder suchen lassen. Es läßt sich auch eine Klanggeschichte daraus entwickeln.

> Der Eiswind braust
> (pusten)
> Die Bächlein glucksen
> (Glockenspiel)
> Die Vögel singen
> (Glockenspiel)

Auch Bewegungsübungen (Trippeln des Igels, Schaufeln des Maulwurfs) können angeschlossen werden.

Was die Frühlingssonne macht

Die Frühlingssonne scheint so warm
den Gräsern auf den Kopf.
Da wachen Klee und Primeln auf
und auch der Klappertopf.

Die Frühlingssonne scheint so warm,
das spürt im Winterhaus
die Blindschleich, Käfer und der Wurm
und auch die kleine Maus.

Da kitzeln ihre Strahlen warm
den Igel an der Nas.
Er lugt unter dem Laub heraus,
dort wartet schon der Has.

Er ruft: Na, endlich habt ihr nun
die Augen aufgemacht.
Dann wachst und springt und freut euch doch!
Seht doch! Die Sonne lacht!

Die Frühlingssonne scheint so warm
und weckt den Löwenzahn.
Wach auf, du alter Schläfer du,
und fang zu wachsen an!

Die Frühlingssonne scheint so warm
und weckt den Hahnenfuß.
Nun strecke deine Wurzeln aus,
weil alles wachsen muß!

Die Frühlingssonne scheint so warm,
das merkt der Dachs im Bau.
Er brummt und streckt den Kopf heraus:
Ob ich der Sonne trau?

Die Frühlingssonne scheint so warm
den Hummeln auf den Bauch.
Sie krabbeln aus den Waben raus
dort unterm Rosenstrauch.

Die Frühlingssonne scheint so warm
dem Star aufs schwarze Kleid.
Auch Fink und Amsel bau'n ihr Nest,
das ist jetzt höchste Zeit.

Die Frühlingssonne weckt nun auch
den Frosch im hohen Rohr.
Die Fröschin legt die Eier schnell
und quakt uns laut was vor.
(Quak-Quak)
Nun lockt die liebe Sonne uns.
Kommt auf die Wiese her!
Da springen Zicklein, Fohlen, Schaf
und jeden Morgen mehr.

Nun springen auch wir Kinder los,
weil uns das so gefällt.
Wir spielen, singen, tanzen laut:
Schön ist die Frühlingswelt!

Zu diesem Text können Fingerspiele gespielt werden. Die ausgebreitete linke Hand ist die Sonne, die über die rechte Hand wandert. Die Finger der rechten Hand können die verschiedenen Lebewesen darstellen. Es können sich auch verschiedene Bewegungsübungen an diesen Text anschließen.

Vorschlag für ein Bewegungsspiel: Die Kinder „schlafen" in ihren Reifen. Nach und nach werden Blumen und Tiere mit dem „Zauberstab" und „Zaubergong" geweckt. Sie recken und strecken sich, „wachsen" höher in ihren Reifen, springen, klettern, fliegen aus ihren Reifen heraus, bis alle eine lange Schlange bilden, durch den Raum ziehen und eventuell in den Garten, auf die Wiese wandern. Dort können verschiedene Naturbeobachtungen angestellt werden. (Betrachten von Knospen, Blättern, Frühlingsblumen auf der Wiese, eventuell Zugvögel ...)

Dem Spiel sollten längere Sachgespräche über das Werden und Wachsen der Pflanzen und Tiere im Frühling vorausgehen. Viele Anregungen dazu stehen in den Herder-Sachbüchern (siehe Anhang).

Frühlingsregen

Tausend kleine Regentropfen
auf das Schilf am Weiher klopfen,
machen alles, alles naß,
tropfen auf das grüne Gras
auch auf harte Steinchen
und auf meine Beinchen.
Tropf, tropf, tropf.

Tausend kleine grüne Blätter
werden wach bei Regenwetter.
Siehst du, wie sie sich nun recken,
ihre grünen Stengel strecken.
Auf den kahlen Zweigen,
grüner, grüner Reigen.
Tropf, tropf, tropf.

Und da hoppeln übern Rasen
doch zwei kleine braune Hasen.
Wie sie springen über Pfützen,
wie sie ihre Ohren spitzen.
Könnt ihr Männchen machen?
Hei, da muß ich lachen!
Wupp, nun sind sie fort!

Dieses Gedicht kann als Fingerspiel dargestellt werden. Es bietet sich auch die Gestaltung als Klangspiel an. Dabei werden die Regentropfen mit Klangstäben oder dem Xylophon dargestellt, das Wachsen der Blätter mit dem Glockenspiel oder Triangel.
Die Hasen können nach den Schlägen der Handtrommel hüpfen.

Tausend kleine Regentropfen

Tausend kleine Regentropfen,
tropf, tropf, tropf,
laut an unser Fenster klopfen,
klopf, klopf, klopf.
Unser Kind lief auf die Straße,
klitschenaß war seine Nase.
Husch – nun ist's ins Haus gelaufen,
da kann es sich gut verschnaufen.

Wir trommeln mit den Fingerspitzen in ansteigendem Tempo auf die Tischplatte. Die linke Hand wird zum Häuschen gewölbt, die rechte Hand als Kind läuft ins Häuschen hinein.

Es tropft immer mehr,
es hagelt und blitzt.
Gut, daß mein Kind im Häuschen sitzt.

(mit den Beinen stampfen)

Nun kommt die liebe Sonne raus,
und unser Kind hüpft aus dem Haus.

(Sonnenkreis beschreiben)

Wir gestalten mit Fingerabdrucken

Die Kinder schwärzen Daumen oder Zeigefinger auf einem Stempelkissen und drucken auf einem vorbereiteten Stück Papier ihre „Spuren" ab. Reinigungsmittel und Lappen bereitlegen, damit der Finger wieder gesäubert wird und keine Flecken entstehen!

Frühlingssonne, aufgewacht
nach der dunklen Winternacht.
Nun schieb hoch das Wolkentor,
schicke deinen Strahl hervor.
Weck auf deinem langen Lauf
Blumen, Blätter, Tiere auf.
Kitzle auch die jungen Hasen
an den feuchten Hasennasen!

Kitzle auch mein liebes Kind!
Wupp – da springt es auf geschwind!

Nun werden die Fingerabdrucke „verwandelt" – wir können eine Raupe malen, eine Schnecke, Vogelnest und Vogelmutter usw. Lustige Verse werden uns dabei helfen:

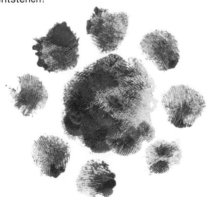

RAUPE

Eine Rinkel – Runkel – Raupe
kriecht mit ihren Stummelbeinchen
über Stock und über Steinchen.

Rinkel – runkel – Raupe du,
frißt und frißt ohn' Rast und Ruh,
immer mehr, tagaus, tagein,
und dann schläfst du endlich ein.
Doch schaut – da kriecht aus dunklem Haus
ein schöner Schmetterling heraus.

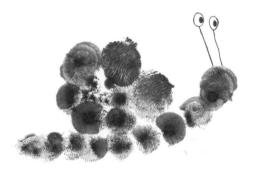

SCHNECKE

Schnicke – Schnacke – Schnecke,
kriechst dort um die Ecke.
Langsam, langsam, kommst du her,
o, dein Häuslein, das ist schwer.
Schnick – Schnack – Schneck,
kommst gar nicht vom Fleck.

KÄTZCHEN AM WEIDENSTRAUCH

Kitze – Katze – Kätzchen
mit den weißen Tätzchen.
Ich mal euch an den Weidenstrauch
und male eine Biene auch.

LÖWENZAHN

Lieber, kleiner Löwenzahn,
ich schau dich so gerne an.
So viel Sonnen vor dem Haus,
ich such mir die schönste aus.

Lieber, kleiner Löwenzahn,
ich schau dich so gerne an.
Deine Schirmchen schweben fort,
bald wächst du am andern Ort.

MARIENKÄFER

Kleiner Kribbel – Krabbel – Käfer,
Ich mal deine Flügel dir,
rote mit fünf schwarzen Punkten,
siehst du, so gefällst du mir.

Kleiner Kribbel – Krabbel – Käfer,
ich mal deine Beinchen dir.
Sechs hast du und vorn zwei Fühler,
siehst du, so gefällst du mir.

VOGEL MIT VOGELKIND

Ich mal die Vogelmutter
und male noch geschwind
im runden, warmen, weichen Nest
das liebe kleine Vogelkind.

Ich mal den großen weißen Storch
mit seinen roten Strümpfen.
Klipper – klapper – da stolziert er
in den feuchten Sümpfen.

Zu Beginn eines gemeinsamen Festes kann jedes Kind auch seine eigene Tischkarte drucken und bemalen. Mit Filzstiften können viele bunte Figuren entstehen. Wir können auch mit Fingerfarben drucken. So lassen sich Frühlingssonne, Schmetterlinge und kleine Hasen aufs Papier zaubern.

Abzählreime im Frühling

Sause – Biene – summ – sum – sum,
brummt dort auf den Blüten rum.
Saugst den süßen Honig aus,
1 – 2 – 3, und du bist raus.

Schnitter – Schnatter – Schmetterling,
flattert übern Klee so flink,
steckst den langen Rüssel rein,
1 – 2 – 3, und du mußt sein.

Schnicke – Schnacke – Schnecke,
kriechst langsam um die Ecke.
Schnick – Schnack – Schneck,
und du bist weg.

Flinkes kleines Käferlein,
krabbel doch zu mir herein,
laß die roten Flügel sehn,
1 – 2 – 3, und du mußt gehn.

Oh – der Kuckuck schaut und schaut,
wie der Fink sein Nest gebaut,
guckt den ganzen Tag nur zu,
und raus bist du.

Ene – mene – mei -
heut gibt's süßen Brei.
Heut gibt's fetten Pfannekuchen,
du mußt suchen.

Hokuspokus, fidibus,
der da ist'ne doofe Nuß!
Der da ist ein steiler Zahn,
du – bist – dran.

Mieze – Maze – Maus,
du bist raus,
mieze – maze man,
du bist dran,
mieze – maze – meck,
du bist weg.

Schnitter – schnatter – schneck,
du bist weg.
Schnitter – schnatter – schwan,
du bist dran.
Schnitter – schnatter – schnapp,
du bist ab.

Klicker – klacker – kleck,
du bist weg.
Klicker – klacker – klapp,
du bist ab.

Es schwingt sich über die Berge

Er schwingt sich über die Berge,
er fliegt über die Höhn.
Das Eis, das mag er schlecken
den Schnee, den mag er lecken.
Doch kannst du nicht Zunge noch Flügel sehn.

(Tauwind)

Wo ist die Tür, wo ist die Tür,
für all die goldnen Schlüssel hier?
Der Frühling hat sie mitgebracht,
lauf auf die Wiese und hol sie dir!

(Schlüsselblume)

Mal ein Bild vom Monat März – April – Mai und Juni

Mal ein Bild vom Monat MÄRZ,
nimm recht viel vom Gelb und Grün.
Gänseblümchen, Veilchen, Krokus
und die Löwenzähnchen blühn.

Komm – du kannst den Roller zeichnen,
auf der Straße geht's geschwind.
Laß die ersten Schwalben ziehen
übers Haus im Frühlingswind.

Kannst du auch schon Häschen malen?
Osterhäschen und das Nest?
Viele Eier kannst du schmücken,
bald kommt ja das Osterfest.

So – das ist dein Häschenmonat,
mal dein Bild, wie dir's gefällt.
Busch und Bäume, bunte Blumen,
schön ist unsre grüne Welt.

Den APRIL kannst du nun malen,
der sieht frech und fröhlich aus.
Schickt uns heute Sonnenstrahlen,
morgen Hagel übers Haus.

Heut lockt er uns auf die Straße,
seht doch, wie die Sonne lacht!
Dann hat er mit dunklen Wolken
schnell den Himmel zugemacht.

Dieser Monat, der ist launisch,
hol die Fingerfarben her!
Mal die Sonne und den Regen,
gelb und grau, das ist nicht schwer.

Lustig ist der vierte Monat,
ganz verrückt spielt der April,
weiß mit seinem Spaß und Scherzen
nie genau, was er wohl will.

Heute wolln den MAI wir malen,
nimm viel Grün dafür und Blau,
überall die Blätter sprießen
auf den Wiesen, komm und schau.

Und die schönen flinken Schwalben
schießen pfeilschnell hin und her.
Mal die fleißigen Amseleltern
und ihr Nest – das ist nicht schwer.

Schau die bunten Schmetterlinge!
Durch die Flügel scheint das Licht.
Mal die Butterblumenwiese
mit den Blüten dicht an dicht.

Mal die Häschen hinterm Steine,
gelben Raps und grünes Heu.
Laß die jungen Kätzchen springen,
alles tummelt sich im Mai.

Viele schöne bunten Farben
für den JUNI stell bereit,
denn der Mohn und die Lupinen,
und die Rosen leuchten weit.

Und wir nehmen unsere Eimer
und die Schaufel schnell zur Hand,
auf dem Spielplatz an der Ecke
ist schon warm und weich der Sand.

Dort im Teich die Entenmutter
führt die kleinen Enten vor.
Horch – es quaken laut die Frösche
dick und grün hinter dem Rohr.

Oben auf dem Scheunendache
schaut der Storch vom Nest herab,
füttert seine Storchenkinder
klappert stolz: klapperdiklapp –
klapperdiklapp.

Frühlingsabendbrot

Petra hat Post bekommen, eine Postkarte von ihrer Freundin Inga.
Auf der Postkarte steht:

> Liebe Petra!
> Ich lade Dich herzlich ein, morgen bei mir um sechs Uhr „Frühlingsabendbrot" zu essen.
> Viele Grüße
> Deine Inga

Petra hat schon viele Einladungen erhalten, zum Geburtstag zum Beispiel, einmal sogar zu einer Hochzeit, aber zu einem Abendbrot noch nie.
Petra betrachtet die Postkarte genau. Auf der Vorderseite sieht sie ein Frühlingsbild mit einer Blumenwiese und einem blauen Himmel. In einer Ecke leuchtet eine große Sonne und über den Blumen tanzen bunte Schmetterlinge.
Petra denkt sich: „Sicher gehen wir auf eine Wiese und machen ein Picknick."
Am nächsten Tag sucht Petra warme Sachen aus ihrem Kleiderschrank heraus, denn es ist draußen noch sehr kühl, das Frühjahr hat gerade erst begonnen. Die Sonne geht nicht mehr so früh unter wie im Winter. Es bleibt länger hell.
Petra schaut auf ihre Uhr, es ist gleich sechs. Sie zieht ihre Gummistiefel an, denn auf der Wiese ist es sehr naß. Die Sonnenstrahlen sind noch nicht so heiß wie im Sommer, sie können das Gras nicht trocknen.
Petra rennt los und klingelt pünktlich an Inges Tür.
Inga öffnet und fragt erstaunt: „Warum hast du dich denn so warm angezogen? Es ist doch gar kein Winter mehr, und außerdem ist es in meinem Kinderzimmer schön warm."
„Aber du hast mich doch zu einem Picknick auf der Wiese eingeladen", sagt Petra, „auf der Postkarte ist doch eine Wiese mit bunten Blumen!" „Ja, das ist eine Frühlingswiese, aber Frühlingsabendbrot ißt man im Zimmer. Heute ist der erste Tag im Jahr, an dem es abends noch so hell ist, daß man keine Lampe braucht, und darum gibt es Frühlingsabendbrot." Auf dem Tisch im Kinderzimmer liegen kleine Roggenbrötchen in einem Korb, die Inga mit ihrer Mutter selbst gebacken hat.
Für jedes Kind steht ein braunes Ei im Eierbecher. In einem Schälchen duftet Kräuterquark nach Petersilie und Schnittlauch.
Ingas Mutter bringt zwei Schüsseln mit Salat, grüner Salat aus zarten, hellgrünen Löwenzahnblättern und Obstsalat. Petra und Inga dürfen sich wünschen, ob sie Milch oder Kakao trinken möchten. Petra nimmt Kakao, und Inga trinkt lieber Milch.
„Guten Appetit, ihr zwei", sagt Ingas Mutter und geht aus dem Zimmer. Inga zieht die Gardinen vor ihrem Fenster

weit zurück, damit alle letzten Sonnenstrahlen ins Zimmer fallen können. Sie brauchen wirklich heute kein Lampenlicht mehr.

„Jetzt merkt man, daß der Winter vorbei ist, jetzt ist endlich Frühling", sagt Petra, und sie lassen sich das Frühlingsabendbrot gut schmecken.

(E. Scharafat)

Rezepte, die die Einladung schmackhaft machen

Löwenzahnsalat

Suche junge, zarte Löwenzahnblätter auf der Wiese, dort wo es keine Autos gibt.
Wasche sie gründlich mit kaltem Wasser ab und lasse sie in einem Sieb gut abtropfen.

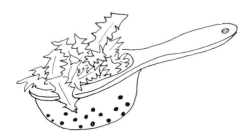

Für die Salatsauce brauchst du

einen Becher Yoghurt

den Saft einer halben Zitrone

1 Eßlöffel Zucker

Alle Zutaten werden verrührt, die Löwenzahnblätter werden in kleine Stücke zerpflückt und in einer Schüssel mit der Sauce vorsichtig vermengt.
Guten Appetit!

(E. Scharafat)

Wir backen Roggenbrötchen

Zutaten:

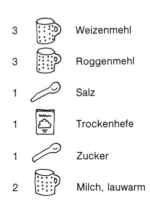

3 Weizenmehl

3 Roggenmehl

1 Salz

1 Trockenhefe

1 Zucker

2 Milch, lauwarm

Wir schütten alle Zutaten in eine große Schüssel und kneten sie zu einem Teig.
Dazu braucht man viel Kraft!
Wenn der Teig sich wie ein großer, geschmeidiger Klumpen Knetmasse anfühlt, muß er mit einem Tuch zugedeckt ruhen. Dann „geht" der Teig, das heißt, die Hefe bildet Blasen, und der Teigklumpen wird größer.
Jetzt fetten wir ein Backblech ein.
Nach 30 Minuten wird der Teig noch einmal durchgeknetet und zu Brötchen geformt, auf das Backblech gesetzt und mit einem Tuch zugedeckt, damit die Brötchen wieder 30 Minuten ruhen können.
Bevor wir sie in den Backofen schieben, schneiden wir sie mit einem Messer oder einer Schere ein und bestreichen sie mit Milch. Wer mag, kann einige ganze Roggenkörner draufstreuen.

Backzeit: 15 bis 20 Minuten.
Temperatur: 180° bis 200°.
Guten Appetit!

(E. Scharafat)

Zarter Frühlingsschmetterling

Ihr schneidet als Faltschnitt zweimal die Flügelform aus; einmal aus grünem, gelbem oder rotem Tonpapier, einmal aus Pergamentpapier. Beide Teile werden auseinandergefaltet und vorsichtig in der Mitte zusammengeklebt. Wenn ihr die Pergamentflügel nach oben biegt (über einen Bleistift rollen), sieht der Schmetterling ganz duftig und zart aus. Ihr könnt euren Schmetterling schön bunt anmalen und an einem Band schweben lassen. Er kann auch an einem Birkenstrauß mit frisch ausgeschlagenen Birkenblättern gehängt oder geklebt werden.

(U. Weber)

3 Was blitzt da unterm Schnee?

Was blitzt da unterm Schnee?	LIED	32
In der Hecke tut sich was	ERZÄHLUNG – GESCHICHTE	32
„Experimente" mit Grassaat	NATURBEOBACHTUNG	34
Wie die weiße Tulpenblüte grün wird	ERZÄHLUNG – GESCHICHTE	36
Gänseblümchen	LIED	37
Kleine Kerne, braune Kerne	FINGERSPIEL	38
Eine Wiesenmalgeschichte	BILDHAFTE GESTALTUNG	39
Fünf Bäume	FINGERSPIEL	40
Hast du das Blümchen im Schnee gesehn?	WORTERGÄNZUNGEN	40
Frühlingsblume	WÜRFELSPIEL	41
Ich kenne ein kleines Kätzchen	RÄTSELGEDICHT	41
Vom Löwenzahn zur Pusteblume	LIED	42

Was blitzt da unterm Schnee?

Text: Barbara Cratzius
Melodie: Paul G. Walter

2. Was hockt da auf dem Ast?
   Ein klitzekleines Kätzchen,
   doch hat es keine Tätzchen.
   |: Weiß und braun :|

3. Was schläft da unterm Laub?
   Nun reckt doch eure Glieder,
   die Sonne scheint schon wieder.
   |: Aufgewacht! :|

In der Hecke tut sich was

Jan kommt heute morgen ganz leise in den Kindergarten. Er geht sehr vorsichtig und hält eine Hand über die andere.
„Na, Jan", fragt Uschi, die Erzieherin, „was hältst du denn in deinen Händen versteckt?"
„Rate mal", sagt Jan.
Die anderen Kinder kommen herbei und raten: „Einen Stein?" „Nee!" „Geld?" „Nee", sagt Jan und öffnet seine Hände. Mitten in seiner rechten Hand sitzt ein kleiner, roter Marienkäfer mit schwarzen Punkten auf dem Rücken. Er bewegt sich nicht, er sieht aus, als ob er keine Beine hat.
„Oh", sagt Uschi, „woher hast du den denn? Es ist doch noch so kalt, ich glaube, er ist zu früh aus seinem Winterversteck gekrochen."
„Ich habe ihn in der Hecke gefunden", erzählt Jan. „Er saß auf einem Zweig in der Sonne."

Peter, Jans Freund, sagt: „Ich habe auch schon eine Schnecke gefunden und einen Regenwurm."
„Kommt, wir gehen alle zur Hecke, vielleicht entdecken wir noch viel mehr", schlägt Uschi vor.
Alle laufen zur Hecke aus Haselnußsträuchern, Weiden, Holunderbüschen, Brombeerranken und vielen trockenen Stielen von Brennesseln aus dem letzten Jahr. Die Zweige der Büsche sehen noch kahl aus. An den Brombeerranken hängen noch trockene braune Blätter, aber zwischen den Büschen, am Rande der Hecke, schauen einige grüne Blätter aus der braunen Erde hervor.
Inge entdeckt eine gelbe Huflattichblüte.
Uschi erzählt den Kindern, daß die Blätter des Huflattichs erst wachsen, wenn die Blüten schon verblüht sind.
„Seid mal still", flüstert Uschi, „hört ihr was?"
Ganz oben im Wipfel der Birke drüben am Bach sitzt eine Amsel und singt ihr Frühlingslied. Alle Kinder horchen und schauen ihr beim Singen zu, bis sie plötzlich zu singen aufhört und wegfliegt.
„Guck mal", sagt jetzt Horst, „die Kätzchen blühen auch schon!" Er zeigt mit seinem Finger zu einem Weidenbusch. Die Blüten leuchten weiß und silbern gegen den blauen Himmel. Einige Blüten, die oben an der Spitze in der Sonne wachsen, sehen gelb und flaumig aus. „Wenn ihr genau hinseht, könnt ihr Bienen entdecken. Sie sammeln Honig aus den Weidenkätzchen", erklärt Uschi. „Man darf Weidenkätzchen nicht pflücken, sie geben den Bienen die erste Nahrung nach der langen Winterzeit."
Jetzt entdecken die Kinder dicke Blattknospen an den Büschen.
Der Holunderbusch hat schon einige Knospen entfaltet. Kleine, zarte, grüne Blätter sind zu sehen.
Uschi sagt: „Man kann den Frühling nicht nur sehen und hören, man kann ihn auch riechen. Schnuppert mal, was riecht ihr?"

„Erde", sagt Anne, „man kann riechen, daß der Schnee geschmolzen ist."
Jan hält noch immer seinen Marienkäfer in der Hand.
„Laß ihn doch fliegen", sagt Anne, „der möchte bestimmt lieber hier draußen sein."
Jan öffnet seine Hand und streckt den Arm hoch in die Luft.
Der Marienkäfer kriecht bis zur Fingerspitze von Jan. Dort sitzt er ein Weilchen still, dann breitet er seine Flügel aus und fliegt in die Frühlingsluft hinein.

(E. Scharafat)

„Experimente" mit Grassaat

Als der Schnee vom Rasen weggetaut war, sah das Gras braun aus. Jetzt im Frühling wird der Rasen wieder grün.
Wißt ihr, was Grassaat braucht, um zu wachsen?
Kommt, wir machen ein „Experiment". Wir lassen Grassaat keimen und wachsen und beobachten die Samenkörner jeden Tag ganz genau.

Wir probieren aus, ob die Saat Erde, Sonnenlicht und Wasser braucht oder ob sie auch wächst, wenn eines dieser Dinge fehlt.

Besorgt euch 4 Plastikteller (die man als Untersatz für Blumentöpfe benutzen kann)
    Grassaat
    Erde
    Papiertaschentücher

Naturbeobachtung

1. Versuch:
Die Saat bekommt Erde, Sonnenlicht und Wasser.

Füllt einen Teller mit Erde, streut Grassaat darauf, begießt die Saat vorsichtig mit Wasser, so daß die leichten Samenkörner nicht an den Tellerrand geschwemmt werden. Stellt den Teller auf das Fensterbrett.
Jetzt malt ein Schild mit allen Dingen, die diese Saat bekommt:

Stellt das Schild zu dem Teller, dann wißt ihr immer, wie ihr diese Saat pflegen müßt.

2. Versuch:
Die Saat bekommt Erde und Sonnenlicht, aber *kein Wasser*.

Füllt den zweiten Plastikteller mit trockener Erde, streut Saat darauf, stellt den Teller auf das Fensterbrett.
Malt ein Schild:

Streicht das Wasser durch. Diese Saat darf **nicht** begossen werden.

3. Versuch:
Die Saat bekommt Sonnenlicht und Wasser, aber *keine Erde*.

Schneide aus zwei Papiertaschentüchern Kreise aus, so groß wie der Plastikteller.
Lege die Papierkreise in den Teller und feuchte sie mit Wasser an. Streue Grassaat darauf.
Achtung! Das Papier muß **immer** feucht sein, die Saat soll aber nicht im Wasser schwimmen.

Stelle den dritten Teller auch auf das Fensterbrett mit diesem Schild:

4. Versuch:
Die Saat bekommt Erde und Wasser, aber *kein Sonnenlicht*.

Füllt den vierten Teller mit Erde, streut Grassaat darauf und begießt sie vorsichtig mit Wasser. Stellt den Teller in einen dunklen Schrank oder unter einen Pappkarton, dazu dieses Schild:

Jetzt heißt es warten. Schaut jeden Tag genau, ob sich die Samenkörner verändern.
Du wirst sehen, bald gucken kleine weiße Spitzen heraus. Das sind die Wurzeln der Samenkörner, dann siehst du dünne, grüne Spitzen. Jetzt wächst dein Gras in drei Versuchen. Nur die Saat, die kein Wasser bekommt, rührt sich nicht. Wasser ist nötig, um die Schale der Saat aufzuweichen, damit der Keim die harte Schale durchstoßen kann.
Auch die Saat auf den Papiertüchern wächst. Jedes Samenkorn ist voll Nahrung für den Keim. Das Gras wächst hier so lange, bis diese Nahrung verbraucht ist. Unter dem Papier kann man die Graswurzeln sehen.
Was ist mit der Saat geschehen, die ohne Sonnenlicht wachsen sollte? Sie wächst schneller als die anderen Samen auf dem Fensterbrett. Die Halme recken sich hoch in die Luft, aber sie sehen gelb aus. Sie brauchen also Sonnenlicht, um grün zu werden.
Wenn du möchtest, kannst du zum Schluß die gelben Gräser auf dem Fensterbrett in die Sonne stellen, und dann wirst du sehen, sie werden grün.

(E. Scharafat)

Wie die weiße Tulpenblüte grün wird

Dirk und Ulrike haben ihr kleines Gartenbeet fertiggemacht. Dirk hat das Beet umgegraben und geharkt, und Ulrike hat Kresse und Salat gesät. Vorsichtig haben sie die Erde wieder festgedrückt. Dirk hat die Harke an die hohe Birke gestellt. „Ulrike", sagt er, „guck mal! Hier um die Birke herum sieht das Gras ganz grau aus. Weiter hinten ist es richtig schön grün." Vater kommt in den Garten. „Ja, da könnt ihr mal sehen, daß die Birke ganz, ganz viel Wasser trinkt", sagt er. „Da bleibt für das Gras nicht mehr genügend übrig. Ungefähr fünfhundert Liter Wasser braucht die Birke täglich in einem heißen Sommer. „Wie trinkt sie denn das viele Wasser?" fragt Ulrike ganz erstaunt. „Die Wurzeln holen sich das Wasser aus der Erde. Es wird durch den Stamm bis in die Blätter geleitet", erklärt der Vater. „Das kann ich mir gar nicht vorstellen", meint Dirk. „Nachher werde ich es dir beweisen", lacht der Vater. Er pflückt eine weiße Tulpe ab und stellt sie in ein mit Wasser gefülltes Weckglas. „Hol mir mal Mutters grüne Lebensmittelfarbe her", sagt er, „die braucht sie doch immer für den grünen Zuckerguß bei den Ostereiern." – Vater schüttet etwas Farbe in das Weckglas. Den Wasserstand kennzeichnet er mit einem Strich. – Nach einer halben Stunde kommen die Kinder wieder. „Schau her, jetzt steht das Wasser viel tiefer", sagt Ulrike. „Und die weißen Tulpenblätter haben grüne Streifen bekommen!" – „Du hast recht gehabt, Vater", lacht Dirk, „das Wasser ist wirklich durch den Stengel hochgestiegen. Toll, Vati!"

Gänseblümchen

Text: Barbara Cratzius   Melodie: Paul G. Walter

1. Gän-se-blümchen, Gän-se-blümchen, laßt die gold-nen Au-gen sehn.

Dort steht ihr im ho-hen Gra-se, ich find euch so schön.

2. Gänseblümchen, Gänseblümchen,
   weiß und rosa ist das Kleid,
   überall am Wegesrand
   grüßt ihr uns von weit.

3. Gänseblümchen, Gänseblümchen,
   seht den schnellen Mückentanz,
   und ich setz mich auf die Wiese,
   flecht mir einen Kranz.

4. Gänseblümchen, Gänseblümchen,
   heute war es ja so schön.
   Doch nun will die liebe Sonne
   langsam schlafen gehn.

5. Gänseblümchen, Gänseblümchen,
   schließt die goldnen Augen zu,
   Mond zieht auf die Himmelswiese,
   alles geht zur Ruh.

Kleine Kerne, braune Kerne

Kleine Kerne, braune Kerne
hab ich in der Hand.
Und ich mische dunkle Erde
mit dem feuchten Sand.

Die rechte Hand zur Schale für die „Kerne" formen. Linke Hand mischt die Erde.

Und ich streu die kleinen Kerne
in das Beet hinein.
Liebe Sonne, komm heraus, schicke
warmen Schein.

Linke Hand streut die „Kerne" in das „Beet" hinein. Bei „Sonne" werden die Arme über den Kopf geführt, die Finger dabei fächerartig gespreizt.

Regenwolken, Regenwolken,
kommt und öffnet euch.
Schickt uns warmen Frühlingsregen,
macht die Erde weich.

Regentropfen mit den Fingern „zeichnen".

Seht die Blumen wachen auf,
strecken sich empor.
Recken ihre grünen Kelche
aus dem Gras hervor.

Beide Hände zum Kelch formen, langsam höher wachsen.

Und nun sind sie aufgewacht
im Frühlingssonnenschein.
Bienen, Schmetterling und Hummeln
fliegen aus und ein.

Linke Hand ist die Blume, die Finger der rechten Hand fliegen honigsuchend herum.

Soviel Blüten, soviel Farben,
komm doch her und schau!
Das ist mein bunter Wundergarten,
gelb und rot und blau.

Alle Kinder halten ihre zu Kelchen geformten Hände weit auseinandergespreizt hoch.
Ein Kreistanz kann sich anschließen.

Weiterführende Gestaltung:
Das Blumenbeet mit Fingerfarben malen
oder
mit farbigen Wollfäden kleben.

Eine Wiesenmalgeschichte

Wir malen mit den Fingern die Figuren in die Luft oder mit Fingerfarben auf ein Stück Papier.

Jetzt mal ich zwei gerade Striche,
das soll die lange Straße sein.
Die führt vom Dorf zur Wiese hinein.

Nun kann ich ein Bächlein vor mir sehn,
wo Butterblumen am Ufer stehn.

mit beiden Händen malen

Und viele Gräser fein und grün,
die Schwalbenzüge drüber ziehn.

Ein Regenwurm schlängelt sich durchs Gras
und eine Schnecke, die ist ganz naß.

Da huscht ein Mäuslein grau und flink
und drüber flattert ein Schmetterling.

Kleine Kugeln seh ich jetzt vor mir,
na, kleiner Hase, sind die von dir?

Nun haben wir genug gesehn
und wollen auf der Straße nach Hause gehn.

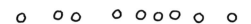

Fünf Bäume

Fünf Bäume stehen in unserm Garten,
da will ich auf die Blüten warten.
Zuerst kommt der breite Kirschbaum dran,
der fängt mit der weißen Blütenpracht an.
Dann ist der Pflaumenbaum über Nacht
mit all seinen Blüten aufgewacht.
Die rosa Apfelblüten, die mag ich leiden,
doch darf ich keinen Zweig wegschneiden.
Der Birnbaum ist schön anzusehn,
so viele Blüten an den Zweigen stehn.
Der alte Kastanienbaum hinterm Haus,
steckt helle Kastanienkerzen aus.
Nun kommt ihr Bienen, schleckt und leckt,
der Tisch ist reich für euch gedeckt.

Nacheinander – mit dem Daumen anfangen – werden die einzelnen Finger der rechten Hand hochgereckt. Am Schluß summen die Finger der linken Hand als Bienen um die Blüten herum.

Hast du das Blümchen im Schnee gesehn?

Hast du das Blümchen im Schnee gesehn?
Das ist das Schnee- ... weiß und ...   (Schnee-)glöckchen   schön

Was steckt dort weiße Becher raus?
Der März ... blüht hinterm ...   (Märzen-)becher   Haus

Auf der Wiese, so weit man sehen kann
blüht leuchtend gelb der Löwen ...   -zahn

Daneben – blütenweiß im Schnee,
das ist im Gras der grüne ...   Klee

Wer schickt uns dort einen leuchtenden Gruß?
Das ist der gelbe Hahnen ...   -fuß

Hat der Baum weiße Kerzen herausgestreckt?
Hast du die K ... blüten entdeckt?   Kastanien-(blüten)

Frühlingsblume

Diese Blüte soll bunt angemalt werden. Ihr dürft sie vervielfältigen, so daß jeder Mitspieler eine vor sich liegen hat. Zum Spielen braucht ihr noch einen Würfel mit Punkten und einen Farbwürfel.
Gewürfelt wird nacheinander im Kreis. Malt die Blütenblätter aus, wie die Würfel fallen, z.B.: rot / •. oder blau / •. usw.
Wer kein Blatt mit der gewürfelten Punktzahl findet, setzt einmal aus.
Zum Schluß sind alle Blüten unterschiedlich gefärbt.
Schneidet sie aus und klebt sie ans Fenster.

(E. Scharafat)

Ich kenne ein kleines Kätzchen

Ich kenne ein kleines Kätzchen
mit einem weichen Fell.
Das hat nicht Schwanz noch Tätzchen,
schleicht niemals von der Stell.

Ich kenne ein kleines Kätzchen,
das fängt nicht Vogel noch Maus,
es jagt auch nicht auf der Wiese,
es bleibt immer brav zu Haus.

Ich kenne ein kleines Kätzchen,
das schnurrt nicht und mauzt auch nicht fein.
Doch lockt es die fleißigen Bienen
und sagt: Kommt – kehrt bei uns ein!

(Weidenkätzchen)

Vom Löwenzahn zur Pusteblume

Text: Barbara Cratzius
Melodie: Paul G. Walter

1. Lö-wen-zahn, du Lö-wen-zahn, zün-de tau-send Lich-ter an!

Gelb die Wie-se, Stern an Stern, ei-nen Strauß pflück ich so gern.

2. Doch vielleicht schon über Nacht
ist vorbei die goldne Pracht,
sind die Kerzen abgebrannt,
silbrig schimmert's überm Land.

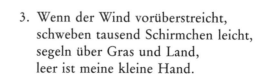

3. Wenn der Wind vorüberstreicht,
schweben tausend Schirmchen leicht,
segeln über Gras und Land,
leer ist meine kleine Hand.

4. Flieget über Wald und Flur
weiße Flocken, dicht an dicht,
Gott, der Herr, kennt eure Spur,
euch und mich vergißt er nicht.

4 Guten Morgen, lieber Schmetterling!

Manuels Geheimnis (auch als Hörspiel) .	ERZÄHLUNG – GESCHICHTE	44
Der Eindringling	ERZÄHLUNG – GESCHICHTE	50
Du frecher, frecher Vogel du	GEDICHT	51
Kleiner Vogel am Fenster	LIED	52
Guck, guck, nun leg dein Ei geschwind .	ERZÄHLUNG – GESCHICHTE	53
Kennst du am Waldrand das kleine Haus	RÄTSELGEDICHT	57
Alle Vögel fliegen hoch	KREISSPIEL	57
Die Geschichte vom unzufriedenen kleinen Marienkäfer	ERZÄHLUNG – GESCHICHTE	58
Marienkäfer-Zettelklammer	BASTELVORSCHLAG	62
Von Raupe und Schmetterling	GEDICHT	63
Unsere Raupen – unsere Schmetterlinge	ERZÄHLUNG – GESCHICHTE	64
Ach du kleine Schnecke	GEDICHT	66
Schnicke-Schnacke-Schnecke	LIED	67
Schmetterlingslied	LIED	68

Manuels Geheimnis

Das ist aber ein kalter Winter!
So viel Schnee hat es lange nicht gegeben!
Die Kinder freuen sich. Wenn sie aus dem Kindergarten kommen, holen sie gleich den Schlitten heraus.
„Nehmt auch Manuel mit zum Schlittenfahren", sagt Frau Hansen.
Manuel ist neu in der Gruppe. Er kommt aus Spanien. Da gibt es kaum Schnee.
„Och, Manuel hat ja keine Lust! Dem ist es zu kalt bei uns", ruft Olaf. „Außerdem hat er keinen Schlitten", meint Ingo. –
Vor dem Fenster steht ein Vogelhäuschen. Die Kinder bringen jeden Tag Vogelfutter mit. Das streut Frau Hansen dann den hungrigen Amseln und Meisen und Spatzen hin.

„Guck mal", ruft Helga, „unsere Amsel ist wieder da!"
„Und die Meisen kommen auch wieder! Da ist wieder die kleine mit dem blauen Köpfchen", sagt Maike. –
Die Vögel lassen sich gar nicht stören. Sie haben sich schon an all die Kindergesichter hinter der Scheibe gewöhnt.
Heute bauen die Kinder einen Schneemann. Die Vögel haben gar keine Angst mehr. Sie fliegen ganz nahe um den Schneemann und die Kinder herum. Sie picken und picken. Eine Amsel setzt sich sogar oben auf den Kopf vom Schneemann. Nun pickt sie an der roten dicken Mohrrübe.
Plötzlich fliegen alle Vögel laut piepsend auseinander. Was war denn bloß los? Manuel hat sich ganz nahe an das Vogelhäuschen herangeschlichen. Wollte er einen kleinen Vogel fangen? „Hau doch ab", schreit Ingo wütend. „Laß unsere Vögel in Ruhe! Du kannst ja eure Vögel in Spanien fangen! Ihr fangt sie und bratet sie und eßt sie auf. Das haben mir meine Eltern erzählt. Gemein ist das!"

Alle stehen wütend um Manuel herum. „Bei uns gibt's so was nicht", schreit Kai. Manuel muß fast weinen. „Wir nicht essen! Wir fangen in Käfig und verkaufen! Gut Geld für Familie", sagt er leise.
Frau Hansen kommt und mischt sich ein. „Laßt Manuel in Ruhe", sagt sie. „Manuel, wir haben bei uns in Deutschland nicht so viele Vögel wie ihr in Spanien! In diesem Winter erfrieren so viele. Bei euch ist es ja nicht so kalt! Aber wir müssen sehr auf unsere Vögel aufpassen. Im Sommer fressen sie uns viele Schädlinge weg, Raupen und Käfer. Willst du uns mithelfen, unsere Vögel zu füttern?"
Manuel nickt. Wirklich, am nächsten Tag hat er eine kleine Tüte mit Weizenkörnern mit. „Aus mein Dorf in Spanien", sagt er.

Endlich ist der viele, viele Schnee geschmolzen. Die Osterferien fangen an. Überall beginnt es zu sprießen. „So", sagt Frau Hansen, „nun brauchen wir die Amseln und Meisen und Buchfinken nicht mehr zu füttern. Jetzt finden sie draußen allein genug zu picken.
Keiner achtet mehr auf das verlassene Vogelhäuschen. Nur Manuel wirft immer wieder einen kurzen Blick darauf. Er hat etwas entdeckt. Aber er verrät niemandem sein Geheimnis.
Manuel spielt meistens allein. Die anderen Kinder sind immer noch so unfreundlich zu ihm. Er traut sich nicht, deutsch zu sprechen. Aber er versteht schon fast alles, was die Kinder rufen.
„Paß doch auf, du Spanier", brüllt Nils. „Du machst ja meine Schienen kaputt! Das Legoauto hast du auch umgestoßen! Paß doch auf, wo du hintrittst!"
Manuel läuft schnell in seine Ecke. Da hat er seinen kleinen Bauernhof aufgebaut. Er hat einen Brunnen in die Mitte gestellt. Die Schweine und Hühner und Gänse setzt er an die Seite. Dann holt er noch den Hund und die Katze.
Plötzlich springt er hoch und reißt die Tür zum Garten auf. „Gato! (Katze) Gato! Fuera!" (Raus) schreit er.

Die Kinder schrecken auf. „Was ist denn nun schon wieder los, Manuel?" ruft Olaf.
Mit großen Sätzen verschwindet eine dunkelgraue Katze im Gebüsch.
Manuel deutet mit dem Finger auf das Vogelhäuschen.
Jetzt entdecken die Kinder das Nest in der Ecke. Zusammengeduckt sitzt die Amselmutter da drauf. Nur der kleine Schwanz ist zu sehen. „Schon eine Woche sitzen", sagt Manuel stolz. „Ich nichts sagen."
„Du hast ja prima aufgepaßt", sagt Frau Hansen. „Jetzt wollen wir aber alle drauf achten! Wir wollen es keinem verraten! Die großen Jungen sollen uns nicht das Nest kaputt machen!"
„Das hast du gut gemacht, Manuel", sagt Olaf. Manuels dunkle Augen strahlen. Er geht ganz stolz zu seinem Bauernhof zurück.
Nach den Osterferien sagt Frau Hansen: „Kommt mal ganz leise ans Fenster!" Vier kleine Schwänzchen gukken aus dem Nest heraus.
„Das sind unsere Amselkinder", rufen Nils und Helga.
„Wie gut, daß Manuel damals aufgepaßt hat", sagt Olaf. „Wollen wir zusammen mit dem Bauernhof spielen?" – „Kann ich auch mitspielen?" fragt Helga.
„Prima", ruft Manuel. Sein dunkles Gesicht sieht ganz hell und fröhlich aus. „Hier Brunnen! Ihr nehmen Hühner und Hahn und Schweine und Pferde! Alle Tiere kommen, alle Tiere trinken am Brunnen!"
„Du kannst ja schon gut deutsch sprechen", ruft Olaf.
„Ich spiele auch mit", sagt Ingo. „Ich auch", lacht Nils.
Da ziehen die Tiere in langem Zug um Manuels Brunnen herum.

Die Geschichte von Manuels Geheimnis eignet sich gut dazu, Ausländerkinder in eine Kindergruppe zu integrieren. Eine sehr lohnende Aufgabe, bei der Erzieherinnen und Eltern zusammenarbeiten können, wäre es, diese Geschichte als Hörspiel auf Kassette aufzunehmen. – Nach meiner Erfahrung wird eine nicht zu große Kindergruppe durch das gesammelte Lauschen auf ein Hörspiel ganz besonders motiviert.

Phantasie und Vorstellungskräfte werden stärker entwickelt als beim Fernsehen, da beim Hörspiel der optische Ablauf in der Phantasie nachvollzogen werden muß.

Manuels Geheimnis

Spieler:

Manuel	ein neues Kind aus Spanien
Harald und Olaf	recht wild, nehmen Manuel nicht in ihre Spielgemeinschaft auf
Maike	freundlich, beschäftigt sich mit Manuel
Erzieherin	ausgleichend

1. Szene	Scharfer Wind. Kinder kommen prustend und frierend in die Klasse.
Olaf	Mensch! Morgen fangen die Osterferien an!
Harald	Morgen gibt's Ferien! Prima, morgen gibt's Ferien!
Olaf	Und das schneit wieder so doll draußen!
Maike	Wir können bestimmt Ostern noch Schlitten fahren!
Harald	Mutti sagt, wir suchen noch Ostereier im Schnee!
Olaf	Das ist vielleicht kalt heute!
Harald	Ich hab' 'ne neue Fellmütze! Mit Ohrenschützer! Ist die nicht gut?
Maike zur Erzieherin	Frau Kock, guck mal, Manuel hat wieder keine Handschuhe an! Seine Hände sind ganz rot!
Erzieherin	Manuel, hast du keine Handschuhe?
Manuel	Wir nicht Schnee in Spanien! Nicht kalt zu Haus! Mutter morgen Handschuhe kaufen!
Olaf	Wollen wir nachher den Schneemann fertigbauen?
Maike	Ich hab' 'ne Mohrrübe mit für die Nase!
Harald	Und ich hab' schwarze Bauklötze für die Augen! Und dann hab' ich noch 'ne Tüte Vogelfutter für unsere Vögel mit.
Erzieherin	Und wer hat wohl an den Hut für den Schneemann gedacht?
Olaf	Och – den hab' ich vergessen!
Harald	Ach, den wollte ich ja mitbringen!
Maike	Ich glaub, Manuel hat einen Hut mit!
Olaf	Oh – der ist ja riesig!
Manuel	Ist gut gegen Sonne. Vater und Großvater tragen auf Feld große schwarze Hut!
Harald	Zeig mal her!
Manuel	Nicht Hut nehmen! Nicht kaputt machen!
Erzieherin	Gib mir den Hut, Manuel! Den kriegt der Schneemann auf, wenn wir ganz fertig sind! Kommt, wir singen noch mal ein Lied vom Schnee. (Vorschlag: Schneeflöckchen, Weißröckchen usw.)
Harald	Nein, das von der Katze im Schnee!
Maike	Oh ja, ich bin die Katze! Miau, miau!
Kinder singen	A B C – die Katze lief im Schnee.
Olaf	So – jetzt raus zum Schneemann.
Harald	Der Arm ist ja abgefallen! Komm, wir rollen eine neue Kugel!
Olaf	Weg da, Manuel, du zertrampelst ja den guten Schnee!
Harald	Steh doch nicht so rum! Zieh Leine! Geh weg da!
Maike	Komm Manuel, wir machen ihm einen schönen Mund! Aus Körnern! Hier ist die Tüte! Halt mal!

HÖRSPIEL 48

Manuel	Ich nicht machen! Hände kalt! Ich Körner für Vögel geben! (Plötzlich Vogelgezeter)
Olaf	Manuel, Mensch, Manuel am Vogelhäuschen! Weg da! Du verjagst unsere Vögel!
Harald	Hau ab, du!
Olaf	Der wollte einen Vogel fangen!
Harald	Und dann wollte er den bestimmt totmachen! Und aufessen! Das machen die Leute in Spanien so! Hat mir mein Vater erzählt!
Manuel	Ich nicht fangen! Nicht aufessen! In Spanien wir fangen Vögel in Käfig und verkaufen! Gut Geld für Familie!
Olaf	Aber das hier sind unsere Vögel!
Manuel	Ich nur Körner geben, nicht Vögel fangen!
Harald	(wütend) Ach, du Blödling! (sie hauen sich)
Maike	Laßt Manuel doch in Ruhe!
Erzieherin	Kinder, nun ist aber Schluß! Manuel wollte den Vögeln bestimmt nichts tun! – Manuel, wir haben hier bei uns nicht so viele Vögel wie ihr in Spanien! Hier erfrieren so viele! Wir brauchen unsere Vögel ja im Sommer! Die fressen uns böse Schädlinge, Raupen und Käfer weg!
Manuel	Ich bringen viele Körner mit morgen! Körner aus Spanien! Aus unserm Dorf!
Erzieherin	Gut, Manuel! Und nun bauen wir den Schneemann zusammen fertig!
Maike	Prima, Manuel! Dein Hut sieht toll aus oben drauf!
Erzieherin	Kommt, wir machen alle einen Kreis um den Schneemann und singen ihm ein Lied. (Schneemannlied)
Harald	Wenn bloß keiner den Schneemann in den Ferien kaputt macht!
Maike	Eigentlich schade, daß morgen die Osterferien anfangen! Der Schneemann ist bestimmt nach den Ferien weggeschmolzen!
Erzieherin	So, Kinder, nun sagt dem Schneemann: Auf Wiedersehen! Wir sehen uns alle nach den Osterferien wieder!
Sprecher	Nun haben die Kinder Osterferien. Ihr habt ja auch alle bald Ferien! Wollt ihr auch Ostereier suchen? Habt ihr schon einen schönen Osterhasen gebastelt und Eier bemalt?

2. Szene	(Kinder kommen in den Raum gelaufen, erzählen von ihren Ostererlebnissen ...)
Maike	Meine Mutter hat die Eier im Garten versteckt, ganz tief unter der Hecke. Da mußte ich vielleicht suchen!
Olaf	Ich hab' ein Osternest unter den Tannen gefunden? Und dabei hab' ich ein richtiges Vogelnest gesehen! Vom vorigen Jahr! Ich hab's mitgebracht!
Harald	Toll sieht das aus!
Olaf	So viele kleine Ästchen! Ein richtiges Nest!
Maike	Bei uns an der Garage bauen die Schwalben wieder Nester.
Olaf	Papi hat einen Meisenkasten gebaut!
Maike	Heut hab' ich Schwalben gesehen! Ganz schnell sind die geflogen!
Olaf	Bei uns waren so schwarze Vögel im Garten! Meine Mutter sagt, das waren Stare!
Erzieherin	Wollen wir unser Vogellied noch mal singen? (Alle Vögel sind schon da)
Erzieherin	Manuel, kennst du auch ein Lied von Vögeln aus Spanien?
Manuel	(zögernd) Todos los pollitos dicen pio, pio ... (Alle kleinen Hühner sagen piep, piep ...)
Maike	Mensch – der kann ja richtig gut singen! Prima Manuel!
Olaf	Aber sonst kannst du nur auf mei-

Harald	nen Schienen rumtrampeln! Hau doch ab! Was willst du immer an der Glastür! Bleib doch in deiner Ecke! Wir bauen hier unsere Gleise für den Bahnhof! Jetzt kann ich alles noch mal legen! Immer willst du raus und in die Sandkiste!	Erzieherin	Seid schön leise, sonst kriegt die Amselmutter Angst. Ach, da fliegt sie schon weg! (lautes Zetergeräusch des Vogels)
Manuel	Ich Sand brauchen für Hahn und Hühner!	Olaf	Guck mal, drei kleine Vögel im Nest!
Maike	Wo sind denn bloß die Pferde und die Schweine. Die waren doch immer in der Spielkiste!	Harald	Und ganz schwarze Äuglein haben die!
Olaf	Wo können die wohl sein? Hat Manuel natürlich für seinen Bauernhof! Guck mal, der schleppt noch den ganzen Sand aus der Sandkiste an!	Maike	Und die Schnäbel sind ganz weit offen!
		Manuel	Noch paar Tage! Dann kleine Vögel fliegen!
		Harald	Die haben ja schon richtig viele Federn!
Maike	Oh – du hast aber einen tollen Brunnen gebaut! Da können ja die Pferde und die Kühe alle draus trinken! Laß mich mal! Kann ich mitspielen?	Erzieherin	So, nun wollen wir ganz leise wieder weggehen! Sonst kommt die Vogelmutter nicht wieder!
		Olaf	Ich glaub', die sitzt oben auf dem Dach und guckt runter!
Manuel	Gut! Hier, hol mehr Wasser für Tiere! Hier Eimer! Für Durst! Sonne heiß!	Harald	Los – geht weg! (Alle Kinder polternd in den Kindergarten)
		Maike	Komm, Manuel, wir spielen Katze und Maus! Ich hab' die Katze! Nimm du die Maus! Setz sie an den Brunnen! (Geräusche beim Spielen, Maike ahmt die Katze nach)
Olaf zu Harald	Mensch, Harald, Maike spielt mit dem Spanier! Komm, wir gehen lieber zu unserer Eisenbahn!		
Harald	Platz da! Zug fährt ab! (Pfeifen, Rollen, Rattern, Trampeln)		
Olaf	Manuel! Jetzt reicht's! Meine Lokomotive hast du umgestoßen!	Olaf	Eigentlich könnten wir auch mitspielen!
Manuel	(eilige Schritte, Türknarren) Gato! Gato! Fuera! Weg da! (Lautes Miauen, Fauchen)	Harald	Manuel, komm doch ans Fenster! Schieb den Bauernhof und die Tiere und den Brunnen rüber!
Erzieherin	Was ist denn los, Manuel!	Olaf	Ich bring' dir mit der Eisenbahn Sand für deine Tiere!
Manuel	Katze böse! Will Vogel fangen! Vogelnest im Vogelhäuschen! Ich sehen! Ich Katze wegjagen!	Harald	Und ich leg die Schienen bis ganz nah an dein Haus ran! Dann kannst du Steine draufladen! Und die Kartoffeln!
Erzieherin	Das Nest haben wir alle nicht bemerkt! Der Strauch davor hat ja auch so viele Blätter gekriegt!	Olaf	Wir fahren alles weg in die Stadt!
		Maike	Du Manuel – am Fenster können wir auch besser auf unsere Vögel aufpassen! Komm ich helf' dir schieben! (Geräusche) ... nun noch die Enten ... und die Schäfchen – vorsichtig ... und das Bauernhaus ...
Olaf	Guck mal, die Amsel hat aber ein tolles Versteck! Wie hast du das bloß gesehen, Manuel!		
Maike	Manuel, du hast ja gut aufgepaßt!		
Harald	Da gucken kleine Schwänzchen raus unter der Amsel!	Olaf	(Pfeife) Abfahrt! Paß auf, Manuel! Ich komme! (ahmt das Zuggeräusch nach): brum, brum, brum!

Der Eindringling

Einmal stand ich auf dem Hof und betrachtete ein Nest, das ein Schwalbenpaar unterm Dach gebaut hatte. Beide Schwalben flogen vor meinen Augen fort. Das Nest blieb eine Weile leer. Da flog ein Spatz vom Dachfirst herab, flog zum Schwalbennest hin, sah es von außen und innen an und schlüpfte ins Nest. Streckte sein Köpfchen heraus und tschilpte.
Bald darauf kam eine Schwalbe zum Nest zurück. Sie steckte den Kopf ins Nest. Aber kaum hatte sie den Eindringling bemerkt, schlug sie Lärm, stand mit aufgeregten Flügeln vor dem Nest in der Luft und flog dann weg. Der Spatz blieb sitzen und tschilpte.
Mit einemmal kam ein ganzer Flug Schwalben an. Alle flogen gegen das Nest hin, als wollten sie dem Eindringling sagen: Wir werden es dir schon zeigen! Der Spatz zeigte keine Spur von Angst, drehte den Kopf nach allen Seiten und tschilpte.
Die Schwalben flogen wieder gegen das Nest hin, taten dort irgend etwas und flogen wieder fort. Was taten die Schwalben? Jede brachte im Schnabel ein wenig Lehm mit und mauerte den Nesteinschlupf ein wenig zu. Unablässig flogen die Schwalben. Enger und enger wurde das Nestloch. Anfangs war noch der Spatzenhals zu sehen gewesen, dann nur noch der Kopf, dann nur noch der Schnabel. Dann nichts mehr ...
Aber auf einmal: Durch den nassen Lehm kam erst der Spatzenschnabel, dann der Spatzenkopf, dann der ganze Spatz – und weg war der freche Bursche, und die beiden Schwalben hatten wieder ein offenes, leeres Nest.

(Leo Tolstoi)

Du frecher, frecher Vogel du!

Ein Spatz, der fliegt ins Schwalbenhaus
und streckt frech seinen Kopf heraus.
Da schimpfen die Schwalben wütend herum.
„Was denkst du dir? Du bist wohl dumm?
Heraus mit dir, du frecher Gesell,
wir machen dir Flügel! Aber schnell!
So hör doch zu,
du frecher Vogel du!" –
– Der Spatz sitzt da in guter Ruh. –
Da mauern die Schwalben poch, poch, poch
ganz einfach zu das kleine Loch.
„Du frecher, frecher Vogel du!"
– Der Spatz sitzt da in guter Ruh. –
Und immer enger wird das Loch,
und immer höher wird der Lehm.
Na, Spatz, ist dir das noch bequem?
„Du frecher, frecher Vogel du!"
– Der Spatz sitzt da in guter Ruh. –
Oh – weh – nun ist das Loch ganz zu!

„Pick, pick – pick, pick,
macht auf das Tor!"
Da pickt er in den feuchten Lehm,
nein, nein, das ist ihm nicht bequem.
Erst kommt der Schnabel vor –
dann der Kopf, der Hals –
dann fliegt der ganze Spatz empor!
Schon ist er fort übers Haus geschwind:
Ins Schwalbennest kommt kein Spatzenkind!

Vorschlag für ein Fingerspiel

Die linke Hand ist zur Faust geschlossen, nur der Daumen (der Spatz) schaut hervor. Die „Schwalben" fliegen um den Spatzen herum, Zeigefinger und Mittelfinger der rechten Hand sind die flatternden Flügel. Die Schwalben tupfen (mit den Fingerkuppen) ringsherum mehrmals das Nest an, dabei kriecht der Spatz immer tiefer in die Wölbung der Faust hinein. Nun ist er ganz verschwunden. Langsam – pick – pick – taucht er wieder auf. „Schnabel", „Kopf", „Hals" erscheinen – dann fliegt der Vogel (die linke Hand) in hohem Bogen über den Kopf weg und wird hinter dem Rücken versteckt. Die „Schwalben" schweben noch eine Weile fröhlich herum.
Dieses Spiel kann auch als Bewegungsspiel (Spatz sitzt in einem Reifen oder unter einem Stuhl) gespielt werden. Langsam wird eine Decke über ihn gebreitet, aus der er später den Kopf herausstreckt und losfliegt. – Auch eine Ausführung als Klangspiel ist möglich (Klanghölzer beim „Mauern" und „Picken", Triangel und Glockenspiel beim Fliegen).

Kleiner Vogel am Fenster

Text: Barbara Cratzius   Melodie: Paul G. Walter

1. Klei - ner Vo - gel am Fen - ster, bist ein lie - ber Ge - sell,

du be - grüßt mich al - le Mor - gen, und den Tag machst du hell.

2. Kleine Lerche auf der Wiese,
   wie ins Blau du dich schwingst,
   und du jubelst in den Lüften,
   und du flatterst und singst.

3. Kleiner Rotschwanz in dem Garten,
   wie du hüpfst dort am Zaun,
   hast die Feder im Schnabel,
   willst dein Nestchen schon baun.

4. Kleine Meise auf dem Aste,
   du wippst hin, du wippst her,
   bist schon weit bei den Sträuchern,
   und ich seh dich nicht mehr.

5. Kleine Amsel auf dem Dache,
   sieh das Vogelhaus hier,
   und ich will es dir füllen,
   bau dein Nest dann bei mir.

6. Schwarzer Starmatz aus dem Süden,
   ach, so lang war dein Flug.
   Flieg hinüber auf die Wiesen,
   findest Futter genug.

7. wie 1.

Guck, guck – nun leg dein Ei geschwind!

Seit Tagen braust ein warmer Frühlingswind über das verschneite Ackerfeld. Über Nacht ist der Schnee weggetaut, das Eis auf dem See beginnt zu schmelzen. Die Tannen und Kiefern im Wald schwenken fröhlich ihre Zweige. „Bald kommen die Stare und die Nachtigallen zurück", ruft die hohe Buche am Waldrand den andern Bäumen zu. „Ich freu' mich schon darauf. Hoffentlich bauen sie wieder ihre Nester in meinen Zweigen!" – „Mein großes Astloch steht auch schon wieder bereit", rauscht die Buche. „Bald werden es die Spechte auspolstern und ihre Eier hineinlegen!" „Zu mir werden wieder die Buchfinken und Amseln kommen", freut sich die alte Tanne am Waldrand.

Vom Acker her lassen sich die kleinen grünen Spitzen der neuen Saat vernehmen. „Wenn wir erst ein bißchen größer sind, kommen die Lerchen und bauen sich bei uns ein stilles Plätzchen für ihre Lerchenkinder", flüstern sie.

Das Rohr am Teich schwankt leise hin und her. „Der Teichrohrsänger wird mich auch in diesem Jahr nicht vergessen", rauscht es. „Ich lege meine langen Schilfarme dicht zusammen, wenn der kleine Sänger zu mir kommt."

Nach ein paar Tagen sind am Himmel die ersten Vogelzüge zu sehen. In dichten Schwärmen ziehen die Stare und Rauchschwalben über das Land. „Was ist das?" fragt die junge Birke. Über den Bäumen rauscht und saust es in der Luft. „Wie ein großes Dreieck zieht das über uns", wundert sie sich. „Das ist der Zug der großen Gänse", erklärt die alte Eiche. „Und dort?" fragt die junge Birke weiter, „dort – die Vögel über dem Wasser. Die fliegen in einer Kette hintereinander!" Die große alte Kiefer weiß Bescheid. „Das sind Haubentaucher! Und dort, die Enten, die fliegen in gerader Linie nebeneinander!" „So viele Vögel kommen aus dem Süden zurück", freuen sich die Linden und

Buchen. „Da werden wir wieder ganz viele kleine Kinderstuben in unsern Zweigen haben. Und die Vogeleltern werden schon dafür sorgen, daß nicht zu viele Raupen und Käfer an unseren Blättern herumnagen."
Auf einmal schüttelt die alte Tanne am Waldrand unwillig ihre Äste. „Na – wen sehe ich denn da ganz allein über den Acker fliegen? Das ist doch wieder der Kuckkuck mit seiner Kuckucksfrau! Nun aber aufgepaßt, ihr lieben kleinen Vögel! Wagt euch bloß nicht zu weit von euren Nestern fort. Ich mag gar nicht ans letzte Jahr denken. Da waren die armen Rotkehlchen ganz verzweifelt, weil sie das fette, freche Kuckuckskind nicht satt bekamen." – Aufmerksam beobachten die Bäume das graue Kuckuckspaar. Der Kuckuck ruft seinem Weibchen zu:

Guck, guck, du liebe Kuckucksfrau,
wie alle fleißig sind!
Die Amseln und Meisen bauen flink
ein Nest fürs kleine Vogelkind.

Sie bringen weiches Moos und Gras
und schleppen Zweiglein an.
Dann polstern sie das kleine Nest
so gut es jeder kann.

„Sollten wir nicht in diesem Jahr einmal versuchen, selber ein Nest zu bauen?" fragt die Kuckucksfrau. „Ach was, wir müssen uns erst dick und rund fressen nach der langen Reise übers Meer. Hungrig bin ich, fette Raupen muß ich mir holen", lacht der Kuckuck. „Du kannst ja inzwischen den anderen Vögeln zugucken!"
Auf dem breiten Stamm der Buche hämmert der Specht. Immer größer, immer tiefer wird sein Astloch.

Guck, guck, du liebe Kuckucksfrau,
hörst du den fleißigen Specht?
Der hämmert noch den ganzen Tag,
na, mir ist's gerade recht.

„Nein, nein", antwortet die Kuckucksfrau ganz entsetzt, „in so eine dunkle Höhle kriech ich niemals!" – „Na, dann müssen wir uns eben nach einem anderen Nest umsehen", lacht der Kuckuck.
Als die beiden über den Acker streichen, schnarrt der Eichelhäher warnend durch die Äste:

> Liebe Vögel, seht euch vor,
> der Kuckuck ist nun wieder da.
> Bewacht das Nest und fliegt nicht fort,
> denkt, was im letzten Jahr geschah.

Da flattern und schwirren die Rotkehlchen, die Meisen und Amseln ganz aufgeregt zwischen den Bäumen umher. „Schnell, setzt euch auf eure Nester", warnt nun auch die große alte Tanne.
Als die Kuckucksfrau am nächsten Tag suchend durch die Zweige streift, kann sie kein einziges freies Nest entdecken. „Das ist mir ja noch nie passiert", denkt sie entrüstet. „Laß uns weiterfliegen", warnt sie der Kuckuck, „die Lerchen auf dem Acker haben bestimmt nicht gehört, was der Eichelhäher gerufen hat."
„Nein, nein, niemals lege ich meine Eier da unten auf die Erde", ruft die Kuckucksfrau böse. „Dann fliegen wir eben hinüber an den See", lacht der Kuckuck. „Irgendwo werden wir schon noch ein Nest für unsere Eier finden!"
Im dichten Rohr hat der Teichrohrsänger sein schönes grünes Nest gebaut. Drei Eier liegen schon darin. Die Vogelmutter ist gerade ans andere Ufer des Sees geflogen.

> Guck, guck, da hast du Glück gehabt
> im dichten hohen Rohr.
> Was seh ich da – ein grünes Nest
> schaut aus dem Schilf hervor.

ruft der Kuckuck. Wupp – mit einem Satz sitzt die Kuckucksfrau auf dem Nestrand und schiebt mit dem Schnabel ein kleines Ei heraus. Plumps – da ist es im Wasser verschwunden. Schnell legt sie ihr Ei hinein und – weg ist sie.

Guck, guck, da hast du Glück gehabt
im dichten hohen Rohr.
Und bei den Weiden drüben – schau,
guckt noch ein Nest hervor.

ruft der Kuckuck. Flink hat die Kuckucksfrau auch dort ihr Ei ins fremde Nest gelegt.
Die Wochen vergehen. Der Mai zieht ins Land. Überall grünt und blüht es. Es zwitschert und piepst in den Zweigen. Die Amseln, die Meisen und Rotschwänzchen fliegen unermüdlich hin und her und füttern ihre Jungen.
Im Nest des Teichrohrsängers aber sitzt ein großes graues Vogelkind. Immer enger wird das Nest. Die anderen kleinen Vogelkinder hat es schon herausgedrückt mit seinen kräftigen Flügeln. Unermüdlich fliegen die Teichrohreltern hin und her und stopfen ihm Würmer und Maden und Käfer in den großen Schnabel. Dazu müssen sie sich auf seinen Rücken stellen, so groß ist das Kuckuckskind geworden.
Und eines Morgens ist das Nest leer. „Kuckuck, Kuckuck", tönt es über das Wasser. Vom Wald her antwortet es übermütig: „Kuckuck, Kuckuck." Und wer genau aufpaßt, der hört, wie das Kuckuckskind höhnisch ruft:

Guck, guck, nun hört mal alle her!
Ich bin das Kuckuckskind!
Nun bin ich groß und stark und schön
wie alle Kuckucks sind!

Aber ich glaube, ein bißchen geschämt haben sich die Kuckuckseltern doch, daß sie ihr Kuckuckskind nicht allein großgezogen haben. Die Kuckucke verstecken sich nämlich immer im dichten Laubwerk der hohen Waldbäume. Ihr könnt nur ihren Kuckucksruf hören. Oder habt ihr wirklich schon mal einen Kuckuck gesehen?

Kennst du am Waldrand das kleine Haus?

Kennst du am Waldrand das kleine Haus?
Das suche ich mir aus.
Ich kehre nur mal kurz dort ein
und leg ein kleines Ei hinein.
Den Wirt werd ich nicht fragen,
was wird er dazu sagen?
Doch rasch bin ich fort
an einem andern Ort.
Ja, ich bin ein frecher Gesell,
sag mir meinen Namen schnell.

(Kuckuck)

Alle Vögel fliegen hoch

Das bekannte Spiel „Alle Vögel fliegen hoch" können wir als Frühlingsspiel abwandeln. – Die Kinder sitzen im Kreis. Der Spielleiter ruft: „Alle Vögel fliegen hoch!" Dabei werfen die Kinder die Arme hoch. Nun nennt der Spielleiter verschiedene Vögel, die wir im Frühling beobachten können: Star, Buchfink, Lerche, Schwalbe, Kiebitz, Storch ... Immer wieder fliegen die Arme der Kinder hoch. Nun nennt der Spielleiter ein Tier, das im Frühling aus seinem Winterschlaf erwacht, z. B. Maulwurf, Schlafmaus, Igel, Bär. Dann darf niemand außer dem Spielleiter die Arme hochheben. Wer es trotzdem tut, muß ein Pfand geben.

Die Geschichte vom unzufriedenen kleinen Marienkäfer

Kinder sitzen im Kreis. Käfer krabbelt und fliegt in der Mitte des Kreises herum.

Zwei Schläge auf dem Triangel.

Drei Schläge auf dem Triangel.

Vier Schläge auf dem Triangel.

Es war ganz früh am Morgen. Der kleine Marienkäfer mit den zwei schwarzen Punkten auf den glänzenden roten Flügeln machte die Augen auf. „Nun hab ich doch verschlafen", seufzte er, „überall brummt und summt es schon!" Er krabbelte unter dem Rhabarberblatt hervor. Da merkte er, wie ihm sein Bauch knurrte. „Ich muß mir schnell Blattläuse suchen", dachte er. „Vor Hunger kann ich gar nicht mehr richtig fliegen!" – „Komm rasch her", wisperten die Erdbeerblätter. „Iß dich an den bösen Blattläusen satt, wir sind schon ganz zerstochen davon! Und das größte Erdbeerblatt sang ganz leise:

> Guten Morgen, Käferlein,
> du hast ein hübsches Kleid.
> Zeig uns deine schwarzen Punkte,
> du bist der schönste weit und breit.

„Ach", seufzte der kleine Käfer, „schaut her, ich hab ja nur zwei Punkte! Guckt mal, dort drüben, der große Marienkäfer auf der Butterblume! Der hat drei schwarze Punkte. Und dort – da krabbelt gerade einer den langen Grashalm hoch! Der hat sogar vier schöne schwarze Punkte." „Ach was", lachte das Erdbeerblatt. „Du gefällst mir gerade so, wie du bist. Bei dir leuchtet wenigstens die rote Farbe deiner Flügel so schön. Bei den anderen Marienkäfern sieht man so viele schwarze Punkte, das sieht gar nicht hübsch aus!"
Und dann sang das Erdbeerblatt weiter:

> Liebes, kleines Käferlein,
> krabbelst übers Blatt.
> Keiner ist so hübsch wie du,
> komm und friß dich satt!

Der kleine Marienkäfer aber war immer noch nicht getröstet. Er verspeiste ganz unlustig ein paar Blattläuse und krabbelte dann kribbel-krabbel ganz langsam durch das feuchte Gras auf eine hohe Erdscholle. Oben saß eine Schnecke. Die steckte ihre Fühler aus ihrem Haus heraus und rief:

Kinder krabbeln ihrem Nebenmann mit den Fingern vorsichtig über den Handrücken.

>Guten Morgen, Käferlein,
>krabbelst durch das hohe Gras.
>Heb nur deine flinken Beinchen,
>sonst werden sie ganz naß.

„Was machst du für ein trauriges Gesicht?" meinte die Schnecke. „Freu dich doch an den warmen Sonnenstrahlen!" Der Marienkäfer seufzte und rief:

>Ach, hätt ich doch die sieben Punkte
>auf den Flügeln hier.
>Doch ich hab nur zwei bekommen,
>sag, gefall ich dir?

„Du bist wunderhübsch", sagte die Schnecke. „Frag nur den Grashüpfer dort drüben! Der schaut schon eine ganze Weile zu uns herüber. Wupp – da kommt er gesprungen."
„Guten Morgen, kleines Käferchen", wisperte der Grashüpfer. „Was muß ich da hören? Wer macht denn ein so trauriges Gesicht heute früh? Du bist ein so niedlicher kleiner Marienkäfer, so was Hübsches hab ich lange nicht gesehn!"
Dann strich er die Hinterbeine aneinander, daß ein zarter Ton zu hören war, und dazu sang er:

Glissando auf dem Glockenspiel.

Glockenspiel

>Kleiner Käfer, glaub mir doch,
>sei doch ganz bescheiden!
>Mit den beiden schwarzen Punkten
>mag dich jeder leiden!

Erzählung – Geschichte/Klangspiel

Da kamen leichte Schritte durch den Garten gelaufen. „Seid still, das sind Menschenkinder", wisperte der Grashüpfer, „bewegt euch nicht, dann gehen sie vorüber!" – Aber da kniete sich schon ein kleines Mädchen neben die Erdbeerpflanze auf die Erde. „Schau mal", rief sie dem Bruder zu, „so ein hübscher kleiner Marienkäfer! Ich laß ihn über meine Hand krabbeln!"

Kinder „krabbeln" vorsichtig mit den Fingern über den Handrücken des Nebenmannes.

„Das ist ein Glückskäfer! Einen Marienkäfer mit zwei Punkten hab' ich noch nie gesehen! Paß auf, heute wird's ein Glückstag für mich! – Grad hat Mutti mir gesagt, daß sie nachher meine Lieblingspuppe vom Puppendoktor holt. Ihr Arm war doch abgebrochen. Und dein Teddy bekommt wieder sein Ohr angenäht, ganz bestimmt! – Wart, ich setz den Glückskäfer vorsichtig auf das Erdbeerblatt zurück!"

Fröhlich liefen die Kinder davon. Der kleine Marienkäfer breitete seine roten Flügel aus und flog ganz glücklich in die klare Frühlingsluft hinein. Dabei sang er vor sich hin:

> Ich freu mich über mein schönes Kleid,
> alles wird mir gelingen!
> Ich öffne meine Flügel weit,
> Glück will ich gern euch bringen.

Kinder tanzen singend um die Schnecke herum, der Marienkäfer fliegt den anderen Kindern voraus.

Alle kleinen Tiere im Garten, die Grashüpfer und Schmetterlinge, die Bienen und Blattläuse tanzten lustig im Kreis herum. In der Mitte blieb die Schnecke sitzen, streckte ihren Kopf aus ihrem Häuschen hervor und bewegte fröhlich ihre Fühler hin und her. Laut sangen sie ihr Marienkäferlied:

> Schaut den roten Käfer an,
> hat sechs schwarze Stiefel an,
> hübsch ist unser Käferlein,
> fliegt nur alle hinterdrein!

Schaut den roten Käfer an,
wie der Käfer krabbeln kann.
Hübsch ist unser Käferlein,
krabbelt alle hinterdrein!

Der Käfer und die anderen Tiere krabbeln herum.

Schaut den roten Käfer an,
wie der Käfer klettern kann.
Hübsch ist unser Käferlein,
klettert alle hinterdrein!

Der Käfer und die anderen Kinder klettern pantomimisch oder an Klettergerüsten.

Schaut den roten Käfer an,
wie der Käfer schlafen kann. (Pause)
Schläft die ganze lange Nacht,
bis er am Morgen aufgewacht.

Alle Tiere „schlafen" ein. Auf ein Klangsymbol hin erwachen die Tiere.

Ein Kind darf als Käfer (mit einem roten Kreppapierumhang mit schwarzen Punkten auf dem Rücken) im Raum umherfliegen. Die Kinder sitzen als „Blumen" in den Reifen, die im Raum verteilt sind. Der Käfer darf sich eine Blume suchen, sich „satt fressen", die Blume leicht berühren. Diese darf ihm nachfolgen. Er macht verschiedene Bewegungen vor: krabbeln, die Beinchen dabei hochheben, pantomimisch klettern. Allmählich fliegen immer mehr „Blumen" durch den Raum. Am Schluß schlüpfen alle Blumen wieder in einen Reifen und schlafen ein. Der Käfer schläft inmitten der Blumenreifen, bis der „Zaubergong" ertönt und die Kinder zu neuem Spiel erweckt. Dieses Mal darf ein anderes Kind den Käfer spielen (Geburtstagskind in diesem Monat).

Bastelvorschlag

Marienkäfer–Zettelklammer

Material:
3 runde Bierfilze, rote Plakafarbe, ein dicker schwarzer Filzstift, 1 Holzwäscheklammer, Klebstoff.

Arbeitsanleitung:
Zwei Bierfilze bilden den Körper, der dritte wird für die Flügel genau in der Mitte durchgeschnitten.

1. Nun alle Teile von beiden Seiten mit roter Plakafarbe bemalen (evtl. zweimal, damit die Farbe gut deckt).
   Mit dem schwarzen Filzstift auf einen Bierfilz den Kopf aufmalen, dann die Ränder der Flügelhälften umranden und große Punkte aufmalen. Nach dem Trocknen alle Teile mit Klarlack überziehen.

2. Auf den einfarbig roten Kreis in die Mitte eine Wäscheklammer kleben, den zweiten Kreis passend darauf, so daß der Kopf zu sehen ist. Die beiden Flügelhälften unterhalb des Kopfes etwas schräg auf den oberen Kreis kleben. Zum Schluß aus schwarzen Pfeifenreinigerstücken zwei Fühler unter dem Kopf befestigen.

(G. Erhardt)

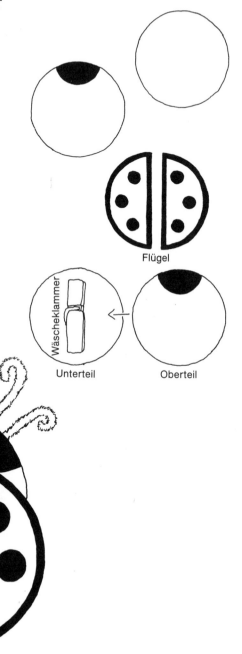

GEDICHT/BILDHAFTE GESTALTUNG/KLANGSPIEL

Von Raupe und Schmetterling

Ich war einmal ein grünes Ding,
ich kroch von Blatt zu Blatt
und fraß und fraß von Tag zu Tag,
ich wurde niemals satt.

Dann fielen mir die Augen zu,
ganz dunkel war es ringsumher.
Ich schlief ganz fest den Winter lang,
von Eis und Schnee weiß ich nichts mehr.

Es wurde warm und hell um mich
nach langer dunkler Nacht.
Ich weckte mich und streckte mich:
Nun bin ich aufgewacht.

Ich krieche aus der Höhle raus
und spür den Sonnenschein.
Weit breite ich die Flügel aus
und flieg in den Frühling hinein.

Dieses Gedicht kann mit Fingerfarben bildlich dargestellt werden: dicke grüne Raupen – dunkelgrüne Blätter – dunkelbraune „Höhle" (Puppe) – bunter Schmetterling. Wir können den Text auch spielen. Im Raum sind je nach Anzahl der Kinder Reifen verteilt. Die „Raupenkinder" schlängeln sich um die Reifen herum. Jedes Kind kriecht in einen Reifen und schläft ein. Dazu werden leise dunkle Töne vom Xylophon gespielt. Nach einer Weile ertönen helle fröhliche Töne vom Sopranglockenspiel oder Triangel. Die Kinder kriechen aus der „Höhle" heraus, breiten ihre Arme aus und tanzen um die Reifen herum.

Unsere Raupen – unsere Schmetterlinge

Ingrid und Michael helfen Mutter im Garten. Ingrid hat dicke Gartenhandschuhe an. Damit kann sie sogar die Brennesseln ausreißen. „O Mami", ruft sie plötzlich. „Hier unter dem Blatt sind viele kleine grüne Punkte, wie ganz kleine Stachelbeeren sehen die aus!" „Das sind Schmetterlingseier", erklärt die Mutter. „Daraus kriechen nach ungefähr acht Tagen viele, viele kleine Raupen."

„Ha – hier sind sie schon", ruft Michael. „Guck mal, die Blätter hier sind alle voll! Igitt, sieht das eklig aus! Wollen wir die alle totmachen?"

Mutter beugt sich herunter. „Solange sie nicht die Stachelbeer- und Erdbeerblätter auffressen, wollen wir sie ruhig leben lassen. Ihr freut euch doch immer so über die hübschen bunten Schmetterlinge." – „Wieso?" fragt Michael, „werden denn aus so ekligen Raupen so schöne zarte Schmetterlinge?" – „Wir können es ja ausprobieren", lacht Mutter. „Ich hole gleich mal ein großes Weckglas. Da könnt ihr zwei oder drei Raupen zusammen mit ein paar frischen Brennesselblättern hineinlegen. Wir binden einen Nylonstrumpf drüber, damit die Raupen auch genug Luft bekommen."

„Tolle Idee, Mami!" lachen die Kinder. Jeden Morgen schauen sie nach ihren Raupen. „Guck mal, die haben eins von den Blättern schon ganz durchlöchert", staunt Ingrid.

„Holt euch doch meine Lupe", meint der Vater, „dann könnt ihr bestimmt noch mehr erkennen!" – „Die haben aber viele Beinchen", staunt Michael. „Wenn du genau hinsiehst, kannst du an jeder Seite acht Beine entdecken", sagt Vater.

Nun guckt auch Ingrid durch die Lupe. „Die Raupe kann aber gut beißen", sagt sie. „Sie hat ganz schnell ein großes Stück aus dem Blatt herausgebissen." „Sie

hat kräftige Kiefer", sagt der Vater. „Die Kanten sind scharf wie mein Rasiermesser."
„Gut, daß wir den Raupen jeden Tag frische Brennesselblätter holen", sagt Ingrid. „Die sind aber auch schon mächtig dick!"
„Sie fressen so viel, daß ihnen die Haut zu eng wird", erklärt der Vater. „Wenn die Raupen ungefähr sechs Tage alt sind, reißt die Haut am Kopf auf, und sie kriechen aus ihrer alten Hülle heraus. Man sagt, die Raupen *häuten* sich. Vielleicht könnt ihr das noch mal beobachten, die Raupen häuten sich nämlich mehrmals."

Michael nimmt vorsichtig eine Raupe aus dem Weckglas und läßt sie über seine Hand krabbeln. „Ist gar nicht eklig", sagt er. „Eigentlich gehört sie schon ein bißchen zur Familie."
Die Raupe krümmt sich aufgeregt um Michaels Finger und tastet mit den Füßen in der Luft. Vorsichtig setzt Michael sie wieder ins Weckglas zurück.
„Da", ruft Ingrid, „die Raupe fängt an sich zu häuten! Sie schlüpft aus ihrer alten Haut heraus. Ganz helle stachelige Borsten hat sie!" „Die werden nach einiger Zeit dunkler", meint der Vater. – „Aber wartet nur, in ein paar Wochen werdet ihr noch mehr beobachten können. Wir wollen noch ein paar kleine Zweige in das Weckglas stellen, ich glaube, unsere Raupen brauchen sie bald."

Eines Morgens ruft Ingrid ganz aufgeregt: „Guck mal, die Raupen haben sich aufgehängt!" Unbeweglich hängen sie an den Zweigen. „Das dauert ungefähr zwei Wochen", sagt der Vater. „Das ist die Ruhezeit der Raupe. Wer wird wohl als nächster etwas Neues entdecken?"
Die Haut der Raupe wird nun ganz schrumpelig. „Guck mal", ruft Michael eine Morgens ganz aufgeregt, „die Haut platzt am Kopf, als ob sie sich nochmals häuten will!"
Aber nun kommt ein längliches weißes Etwas zum Vor-

schein. „Das ist die Puppe", erklärt der Vater. „Die alte Haut ist abgefallen. Und jetzt wächst in der Puppe der neue schöne Schmetterling heran." „Kann ich mir gar nicht vorstellen", sagt Michael. „Wie soll der darin bloß Platz haben?"
Es vergehen ungefähr zwei Wochen. Da sieht Ingrid einen schwarzweißen Fleck durch die Puppenhülle schimmern. „Vati, du hast recht gehabt", ruft sie ganz aufgeregt, „da sitzt wirklich ein Schmetterling drin! Ich mag gar nicht mehr fortgehen, ich muß das unbedingt sehen, wenn er herausschlüpft!" „Unser Schmetterling wird ein Tagpfauenauge werden", meint der Vater. „Da", ruft Michael, „die Fühler sind schon zu sehen, mit dem Kopf kriecht er zuerst heraus!"
Ganz zusammengedrückt sind die Flügel. Zitternd hängt der Schmetterling an der Puppenhülle. Dann öffnen sich langsam die Flügel. „O – der ist ja wunderhübsch", rufen die Kinder. „Nehmt das Weckglas und stellt es in den Garten", sagt Mutter. „Der Schmetterling will ja unsere schönen bunten Blumen besuchen!" – „Und morgen schlüpfen vielleicht die anderen beiden. Da können wir das noch einmal erleben", rufen die Kinder.

Ach, du kleine Schnecke

Ach, du liebe kleine Schnecke
kriechst ganz langsam durch die Hecke.

Und nun bleibst du stehn,
daß wir deine Fühler sehn.

Darf ich die Fühler leis berühren,
so zart, das wirst du gar nicht spüren.

Doch du ziehst sie ganz schnell ein,
kriechst ins Schneckenhaus hinein.

Die linke Hand kriecht mit ausgestreckten Fingern langsam über die Tischplatte. Die Hand hält an, Zeigefinger und Mittelfinger bewegen sich hin und her. Nun berührt der Zeigefinger der rechten Hand vorsichtig die „Fühler". Da zieht sich die linke Hand ganz schnell zur Faust zusammen.

Schnicke, Schnacke, Schnecke

Text: Barbara Cratzius
Melodie: Paul G. Walter

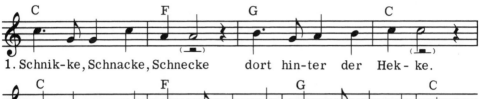
1. Schnik-ke, Schnacke, Schnecke dort hin-ter der Hek-ke.

Mußt dich mit dem Häus-chen pla-gen, wan-derst schon seit vie-len

Ta-gen. Hast du so viel Zeit? Hast du so viel Zeit?

2. Schnicke, Schnacke, Schnecke,
   kriechst dort um die Ecke.
   Kannst du gar nicht flinker gehen?
   Bleibst vorm großen Steine stehen
   |: mit dem Schneckenhaus. :|

3. Schnicke, Schnacke, Schnecke
   dort hinter der Ecke.
   Mußt du dich so oft verschnaufen?
   Kannst du nicht mal schneller laufen
   |: mit dem Schneckenhaus? :|

4. Ach, ich arme Schnecke,
   komm ja nicht vom Flecke.
   Oh, die harten Steine drücken,
   muß mich unterm Strauche bücken
   |: mit dem Schneckenhaus. :|

5. Ach, ich arme Schneck'.
   Morgen bin ich weg.
   Kannst du auch dein Häuschen schleppen
   über Steine, Straßen, Treppen?
   |: Dann mach mir's mal vor! :|

Schmetterlingslied

Text: Barbara Cratzius   Melodie: Paul G. Walter

1. Grau-e Rau-pen, hört doch her! Ich will euch was sa-gen!

Oh, ihr müßt euch gar so sehr mit dem Fres-sen pla-gen.

2. Müh-sam in dem Sand und Staub ü-ber Stock und Stei-nen

kommt ihr lang-sam nur vor-an mit den Stummel-bei-nen.

Str. 3, 5, 7, 9 wie 1
Str. 4, 6, 8 wie 2

3. Ihr seht Wolken, Sterne nicht
und denkt nur ans Fressen!
Habt im Dunkeln, ohne Licht
goldnen Glanz vergessen.

4. Raupen, euer Weg ist karg,
ohne Sonnenschein.
Ihr ahnt nicht im Puppensarg,
wie es einst wird sein.

5. Flügel werden wachsen euch,
schimmern purpurrot.
Ihr fliegt in ein schönres Reich,
hier seid ihr wie tot.

6. Durch die Flügel scheint das Licht,
zarte Aderbahnen.
Hell wird euer Angesicht,
das dürft ihr schon ahnen.

7. Gold und Licht im Flügelschlag.
Blütenkelche winken,
taumelnd in den neuen Tag
dürft ihr Nektar trinken.

8. Raupen, ihr versteht das nicht?
Denkt ihr nur ans Fressen?
Ihr dürft doch das helle Licht
nicht im Staub vergessen!

9. Graue Raupen, glaubt mir nur,
ihr sollt mir vertrauen.
Bald könnt ihr die goldne Spur,
neues Leben schauen!

5 Kommt in unsern Kinderkreis!

Verdrehte Welt	Gedicht	70
Das wird toll	Lied	71
Girlanden zum Faschingsfest	Bastelvorschlag	72
Was heut nacht passiert ist	Gedicht	74
Wer kann die schönsten Reime finden?	Wortergänzungen	75
Das ist lustig …	Lied	76
Ditsche – datsche – dum	Abzählverse	77
Der Fußball von Fritz	Zungenbrecher	77
Spiel vom Hampelmann	Kreisspiel	78
Hüpfspiel im Frühling	Spiel	79
Spiel und Spaß	Spiel	79
Storch im Salat	Kreisspiel	80
Alle unsre Tiere	Kreisspiel	80
Glockenblumentrunk	Rezept	81
Schmetterlingstrunk mit Tauperlen	Rezept	81
Hexe Kaukaus Zaubermix	Rezept	81
April – April	Gedicht	82
Wetterkalender	Naturbeobachtung	83
Lustiges Tierkonzert	Lied	84

Verdrehte Welt

Hast du das schon mal gehört?
Heut ist alles umgedreht.
Kommt mal mit und spitzt das Ohr,
ich mach's euch allen jetzt mal vor.

Die Riesen, die sind klein wie Zwerge,
die Zwerge groß wie'n Riesenkran.
Die Täler sind so hoch wie Berge,
kommt mit und guckt euch's selber an!

Die Katzen bellen vor dem Haus,
die Hunde jagen flink die Maus.
Die Hühner auf dem Scheunendach,
die krähen laut uns morgens wach.

Der Gockelhahn legt schnell ein Ei
und macht dazu noch groß Geschrei.
Statt Milch gibt Apfelsaft die Kuh,
die Pferde schrein laut: Mu! Mu!

Die Frösche, tief im hohen Rohr,
sind gelb und zwitschern uns was vor.
Der Spatz, der hat ein grünes Kleid
und schwimmt im großen Meer ganz weit.
Der Maulwurf aus dem dunklen Loch,
der hämmert hoch am Stamm: Poch, Poch!
Der Specht, der gräbt den Sommer lang
tief in der Erde seinen Gang.

Der Kirschbaum, der trägt breit und schwer
ganz grüne Äpfel, schaut doch her!
Die Amsel pickt vom Apfelbaum
die Kirschen – ja, das glaubt man kaum!

Willst du die Tannenbäume suchen!
Die Nadeln stecken an den Buchen.
Die Tanne schüttelt ihr Blätterhaupt,
das rauscht im Wind – ob ihr's wohl glaubt

Die Pflaumen sind gelb, die Bananen blau,
Zitronen sind lila, komm und schau!
Die Tulpen sind grün wie frischer Klee,
die Sonnenblume wächst rot in die Höh.

Und die Kinder in diesem Land – so hört!
Die schlafen am Tag – ganz ungestört.
Und nachts, da spielen sie und lachen
und machen ganz verrückte Sachen.

Sie baden zu Weihnachten im See,
und im Sommer tollen sie lustig im Schnee.
Wer wohl noch mehr erfinden kann?
Der fängt gleich zu erzählen an.

Das wird toll

Text: Barbara Cratzius   Melodie: Paul G. Walter

2. Los – wir feiern Karneval!
   Als Pilot will Olaf gehn,
   Tim könnt ihr als Funker sehn,
   ich bin heute Astronaut!
   Kommt doch alle her und schaut!
   Heut ist unser Cockpit voll!
   Das wird toll!

3. Los – wir feiern Karneval!
   Tänzerin ist die Sabine,
   und als Zauberer kommt Tine,
   ich erscheine heut als Clown,
   bin so lustig anzuschaun!
   Heut ist unser Zirkus voll!
   Das wird toll!

Bastelvorschlag

Girlanden zum Faschingsfest/Fastnacht

Du brauchst:
Kreppapier in vielen Farben,
Schere, Nadel, langer Wollfaden.

1. Schneide 15 cm breite Streifen von den Krepppapierrollen ab.

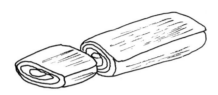

2. Schneide beide Seiten zu einem Kamm ein.

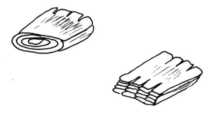

3. Rolle die eingeschnittenen Streifen auseinander, so hast du eine Girlande.

4. Nähe mit einer dicken, spitzen Nadel einen langen Wollfaden durch die Mitte der Girlande, knote die Enden fest.

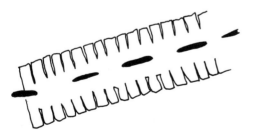

5. Spanne den Faden von einer Wand des Zimmers zur anderen und drehe die Girlande dabei zu einer Spirale.

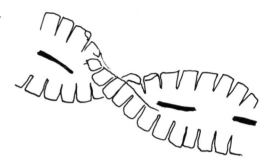

Zum Schluß hänge selbstgebastelte Kugeln und Katzen mit Ringelschwänzen daran auf.

a) Für die erste Kugel brauchst du:
   Tonpapier, Stift, Schere, Nadel und Faden

   Male drei gleiche Kreise auf das Tonpapier,
   schneide sie aus,
   falte die Kreise in der Mitte,
   lege alle Kreise mit den Faltlinien aufeinander,
   nähe sie mit der Nadel und dem Faden in der Faltlinie zusammen.

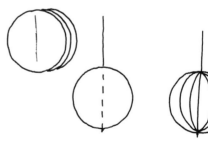

Kreishälften auseinanderfalten.

Hänge die Kugel mit dem Fadenende an die Girlande.

Bastelvorschlag

b) Für die zweite Kugel brauchst du:
Tonpapier, Schere, Klebstoff.

Schneide vier Tonpapierstreifen: 30 cm lang, 2 cm breit
Klebe die Streifen in der Mitte zu einem Stern mit 8 Strahlen zusammen. Achte darauf, daß alle Strahlen gleich lang sind.

Biege jedes Strahlenpaar zu einem Kreis zusammen, bis eine Kugel entsteht.

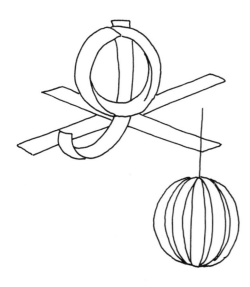

Befestige einen Faden an der Kugel und hänge ihn an die Girlande

c) Eine Katze mit Ringelschwanz

Du brauchst:
Tonpapier, Buntpapier, Stift, Schere, Klebstoff.

Male eine sitzende Katze auf das Tonpapier. Das ist ganz einfach.

Schneide sie aus.

Schneide einen Kreis aus Tonpapier, so groß wie der Katzenbauch.

Schneide den Kreis spiralenförmig ein, wie ein Schneckenhaus.

Klebe den Mittelpunkt unten an den Katzenbauch.
Gib deiner Katze aus Buntpapier Augen, Nase und Schnurrhaare.
Hänge die Katze mit einem Faden an die Girlande.

(E. Scharafat)

Was heut nacht passiert ist

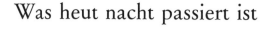

Heut nacht bin ich
aus dem Fenster geflogen.
Nein, nein, das stimmt –
das ist nicht gelogen,
bis aufs Dach in das leere Storchennest.
Da hab ich weitergeschlafen – aber fest.
Genau bis um zwölf!
Da hört ich's vom Kirchturm schlagen.
Ich denk – nun geht dir's an den Kragen.
Jetzt kommen wohl hundert Gespenster an –
dann schrei ich – so laut ich nur schreien kann.
Pustekuchen!
Ist keiner gekommen!
Nur der Mond ist am Himmel vorbeigeschwommen,
und die Kitze-Katze-Katzen,
mit ihren Titze-Tatze-Tatzen,
die haben geheult und gemaunzt – ganz doll!
Da hatte ich einfach die Nase voll.
Runter vom Dach und ins Bett geflogen.
Reingekuschelt – war das wohl gelogen?

Wer kann die schönsten Reime finden?

Ein Kasper ohne Mütze
ist wie Regen ohne ..., (Pfütze)
wie ein Teddy ohne Bauch,
wie ein Schornstein ohne ..., (Rauch)
wie eine Schnecke ohne Haus,
wie eine Katze ohne ..., (Maus)
wie ein Nashorn ohne Nase,
wie ein Strauß ohne ..., (Vase)
wie ein Spiegel ohne Glas,
wie ein Regenrohr ohne ..., (Faß)
ist wie Schnee ohne Flocken
wie ein Fuß ohne ..., (Socken)
wie die Tür ohne Schloß,
wie der Reiter ohne ..., (Roß)
wie der Mund ohne Zähne,
wie ein Pferdchen ohne ..., (Mähne)
wie ein Hase ohne Ohren,
wie die Haut ohne ..., (Poren)
wie ein Frosch ohne Teich,
wie ein König ohne ..., (Reich)
wie ein Drachen ohne Leine,
wie der Stuhl ohne ..., (Beine)
wie ein Streichholz ohne Kopf,
wie ein Mädchen ohne ... (Zopf)

Jetzt halte ich hier erst mal an,
wer wohl noch mehr Reime finden kann?

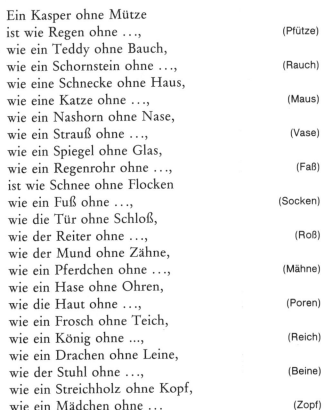

Das ist lustig

Text: Barbara Cratzius Melodie: Paul G. Walter

Das ist lu-stig, das ist put-zig, staunt und seht und hört!
Uns-re gro-ße bun-te Welt läuft heu-te ganz ver-kehrt.
1. Die Kat-ze brü-tet Ei-er aus und trägt sie huk-ke-pack ins Haus.
2. Der Ha-se fliegt aufs Hüh-ner-dach und kräht die Hen-nen mor-gens wach.

3. Die Leiter klettert hoch das Schwein
   und schaut ins Schwalbennest hinein.
4. Die Ziege wiehert laut im Stall,
   die Fohlen spielen mit dem Ball.
5. Statt Milch gibt Saft uns jetzt die Kuh,
   der Pinguin schenkt Eis dazu.
6. Der Maikäfer, der fängt 'ne Maus,
   die Spinnen piepen vor dem Haus.
7. Der Bär, der steht im Fußballtor,
   der Tiger schießt die Flanken vor.
8. Das Känguruh fliegt übers Feld,
   das Kind im Beutel piept und bellt.
9. Wenn euch das alles mächtig stört,
   dann macht doch richtig, was verkehrt.

Ditsche – datsche – dum

Ditsche – datsche – dum,
du gehst draußen rum.
Ditsche – datsche – daus,
du bist raus.

Seht – wer spreizt da sein Gefieder,
setzt am Nestrand sich nun nieder,
zählt die Eier immer wieder:
1 – 2 – 3
faules Ei;
1 – 2 – 3 – 4
raus mit dir;

Dixe – daxe – Hasenmaxen,
bitte schneidet keine Faxen.
Dixe – daxe – daus,
du bist raus.

1 – 2 – 3 – 4 – 5
zeig mir deine Strümpf;
1 – 2 – 3 – 4 – 5 – 6
raus mit dir, du alte Hex.

Der Fußball von Fritz ...

Der Fußball von Fritz fliegt über Frau Vogels Fahrrad.

Franz und Fritz fahren in den Ferien mit der Familie ohne Fahrkarte nach Frankreich.

Friederike flüstert Frauke viele fröhliche Verse vor.

Die Vögel flattern und fliegen im Frühling über viele feuchte Felder.

Im Frühling fängt Fritz viele Fliegen für seinen Frosch im feuchten Faß.

Der fleißige Fabian füllt dem frechen Fritz die farbigen Flaschen voll.

Friederike fotographiert im Frühling die farbigen Fingerhüte und das Farnkraut.

Spiel vom Hampelmann

(nach der Melodie „Häslein in der Grube")

Die Kinder sitzen im Kreis. Ein Kind sitzt in der Mitte auf einem Stuhl. Die andern rufen oder singen:

Da seht ihr den Hampelmann, Hampel-,
Hampelmann.
Gleich schaut er dir ins Gesicht,
paß nur auf und lache nicht.
Hampelmann! Schau mich an!

Das Kind in der Mitte läuft den Kreis entlang und schneidet Grimassen, macht eine lange Nase oder andere lustige Bewegungen. Plötzlich bleibt es vor einem Kind stehen und singt:

Schau mir richtig ins Gesicht,
doch paß auf und lache nicht.

Wenn das angeredete Kind nicht ernst bleiben kann, muß es den Hampelmann spielen. Wenn es nicht gelacht hat, geht das Spiel weiter.

Hüpfspiel im Frühling

Komm, hüpf mit ins Schneckenhaus,
laß dabei kein Kästchen aus!

Wir malen mit Kreide ein Schneckenhaus auf das Pflaster. Der Kreis in der Mitte ist das Ziel.

Wir werfen einen Stein in das erste Feld, hüpfen auf dem rechten Bein hinein und schieben mit der linken Fußspitze den Stein weiter. So geht es vorwärts von Kästchen zu Kästchen. Wer mit dem Fuß auf eine Linie tritt, muß warten, bis die andern Spieler gesprungen sind. Bei der nächsten Runde hat der Pechvogel Gelegenheit, an der Stelle einzusetzen, an der er den Fehler gemacht hat. Sieger ist derjenige Spieler, der zuerst das leere Mittelfeld im Kreis erreicht hat. Ihr könnt auch im Schlußsprung oder im Grätschsprung springen.

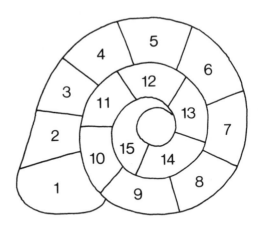

Spiel und Spaß

Die Kinder sitzen im Kreis, ein Spieler setzt sich mit verbundenen Augen an einen Tisch in der Mitte. Nun legt jedes Kind einen Gegenstand, den es bei sich trägt, auf den Tisch, z. B. einen Schuh, eine Kette, ein Tuch, einen Gürtel. Ein Kind reicht dem Spieler in der Mitte einen Gegenstand zu, und die Kinder rufen (oder singen nach der Anfangsmelodie der Sesamstraße „Der, die das...")

Spiel und Spaß,
was ist das?

Der Spieler wird den Gegenstand meistens leicht erraten können. Nun rufen die Kinder:

Spiel und Spaß,
wem gehört das?

Wenn der Spieler den Besitzer des Gegenstandes geraten hat, muß dieser in die Mitte gehen und weiterraten. Wenn der Spieler es nicht erraten hat, wird ihm ein neuer Gegenstand zugereicht.

KREISSPIELE

Storch im Salat

Setzt euch zu einem Kreis zusammen. Die Erzieherin stellt vor jeden von euch ein kleines „Hindernis" – einen Kochtopf, ein Glas, den Kücheneimer, eine Puppe, ein Stofftier usw. Merkt euch genau, wo alles steht. Nun verbindet die Erzieherin einem von euch die Augen. Dann gibt sie euch ein Zeichen, daß ihr alle Sachen leise wegräumt. Der kleine „Nachtwandler" muß nun über alle „Hindernisse" gehen, und ihr müßt ihn dabei anfeuern: ...„Höher mit den Beinen! Du stößt den Eimer um! Tritt nicht auf den Teddybären!" Ich glaube, es macht euch viel Spaß, wenn ihr dem „Storch im Salat" zuschaut! Aber lacht den armen Storch nicht zu sehr aus!

Alle unsre Tiere

Ihr faßt euch zu einem Kreis an. Einer von euch steht in der Mitte, und ihr tanzt herum und singt auf die Melodie: „Alle meine Entchen" folgenden Text: „Alle unsre Tiere tanzen heut herum, tanzen heut herum. Schaut doch unsre (Inge) an und seid still und stumm." Nun spielt Inge euch ein Tier vor (Hund, Katze, Storch, Schwan, Löwe, Elefant, Esel, Maus ...). Ihr dürft das Tier raten und nachspielen. Wer das Tier ganz besonders schön dargestellt hat, darf in die Mitte des Kreises gehen, und das Spiel beginnt von neuem.

Glockenblumentrunk

Du brauchst dazu

1 l Milch
2 bis 3 Eßlöffel nicht zu festen Honig
etwa 300 g Blaubeeren oder
Brombeeren (aus dem Glas oder der Tiefkühltruhe)

Die Zutaten werden in einem elektrischen Mixer geschlagen. Dann verteilt ihr den Inhalt in verschiedene Gläser. Wenn ihr grüne Strohhalme (als Stengel der Glockenblume) hineinsteckt, sieht das besonders hübsch aus.

Schmetterlingstrunk mit Tauperlen

Dazu brauchst du:

1 Flasche Apfelsaft
1 Flasche Selterswasser
Saft von 3 bis 4 Zitronen (ungespritzt)
3 bis 4 Eßlöffel nicht zu festen Honig
einige Zitronenscheiben

Hol dir zwei Untertassen. In die eine Untertasse gibst du etwas Wasser, in die andere etwas Zucker. Nun tauchst du die Gläser abwechselnd mit dem Rand zuerst in das Wasser, dann in den Zucker, so daß ein Zuckerrand entsteht. Die Zutaten werden in einem elektrischen Mixer geschlagen. Du legst eine Zitronenschale in die Gläser und füllst mit dem perlenden Saftgemisch auf.

Hexe Kaukaus Zaubermix

Dazu brauchst du

1 Flasche Apfelsaft
Saft von 3 Apfelsinen
Saft von 2 bis 3 Zitronen
4 Eßlöffel nicht zu festen Honig
1 Stück Stangenzimt oder
1 Päckchen Glühpunschmix

Der Apfelsaft wird mit den Gewürzen erhitzt, Apfelsinen- und Zitronensaft und Honig werden zugefügt. Stell in jedes Glas einen Metallöffel (damit es nicht platzt) und gieß den heißen Punsch darüber. Obendrauf kann eine Zitronen- oder Apfelsinenscheibe schwimmen. Ein bunter Strohhalm soll den Zaubermix schmücken.

April – April!

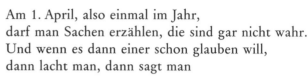

Am 1. April, also einmal im Jahr,
darf man Sachen erzählen, die sind gar nicht wahr.
Und wenn es dann einer schon glauben will,
dann lacht man, dann sagt man

    April – April!

Zum Beispiel: „Kommt alle mit an den Strand!
im Wasser badet ein Elefant!"
Sie rennen, weil jeder es sehen will,
und das ist natürlich

    April – April!

Du kannst auch erzählen, mit ernstem Gesicht:
„unsre Katze hat heute sechs Junge gekriegt,
wollt ihr sie mal sehen, kommt mit und seid still!"
Sie schleichen ganz leise –

    April – April!

Im April sich zu necken ist uralter Brauch,
dieser lustige Monat neckt uns nämlich auch.
Erst lockt er mit Sonne uns draußen im Gras,
dann läßt er es regnen, und wir werden naß.
Oft ist es ganz heiß, und wir geh'n an den See,
aber kaum sind wir da, schickt er Hagel und Schnee.
So macht er es immer, er macht was er will.
Wir lachen und rufen:

    „April – April!"

(E. Schraven)

Wetterkalender

	Sonne	Wolken	Regen	Nebel	Schnee/Hagel
Montag					
Dienstag					
Mittwoch					
Donnerstag					
Freitag					
Samstag					
Sonntag					

Beobachte das Wetter im April! Es wechselt oft. Einmal scheint die Sonne, dann ziehen Wolken auf, und es beginnt zu hageln.

Trage deine Beobachtungen in den Kalender ein und kreuze an, was du beobachtest!

(E. Scharafat)

Lustiges Tierkonzert

Nanu, nanu, was ist das bloß?
Die Maus miaut im weichen Moos.
Die Biene schlägt den Takt dazu,
Eichhörnchen brüllt: Mu – mu, mu – mu!

Der Kuckuck singt ein Lerchenlied,
der Storch, der bellt ganz fröhlich mit.
Die Schwalben quaken hoch im Flug,
es krächzt so laut der Entenzug.

Der Maulwurf grunzt sich mancherlei,
es wiehert frech der Frosch dabei.
Nun piept zu allem Überfluß
das Schweinchen Nicki seinen Gruß.

Wann das passiert? Ja, stell dir vor,
verkneif das Lachen, spitz das Ohr!
Ich fauch gleich los, doch bin ich still,
denn das gibt's nur am –   1. April!

6 Spring doch, kleiner Osterhas!

Wie die Hasen ihre weiße Blume bekommen haben	ERZÄHLUNG – GESCHICHTE	86
Das Lied vom kleinen Hasen	LIED	90
Osterhasenverse	WORTERGÄNZUNGEN	91
Schaut, da hockt im grünen Gras	FINGERSPIEL	92
Eine Osterhasengeschichte	FINGERSPIEL	93
Vom Hasen, der keine Angst mehr hatte	Erzählung – Geschichte	94
Habt ihr den dunklen Habicht gesehen?	FINGERSPIEL	97
Fünf Hühnchen hab' ich im Hühnerstall	FINGERSPIEL	98
Osterhasenspiel	SPIEL	98
Wer ist der „ernste" Osterhase?	KREISSPIEL	99
Blase, blase wie der Wind!	SPIEL	99
1, 2, 3 und du bist raus	ABZÄHLVERSE	100
Das kranke Häschen	KREISSPIEL	100
Eierrollen	SPIEL	100
Braune Häschen zum Aufhängen	BASTELVORSCHLAG	101
Buntes Osternest	BASTELVORSCHLAG	102
Kressebeet mit Eierschmuck	BASTELVORSCHLAG	102
Frühlingssalat: Häschenschmaus	REZEPT	102
Ein Osternest mit Ostereier	BASTELVORSCHLAG	103
Kathrinchen sagt: Im Grase, schau	GEDICHT	104
Knicke, knacke	ABZÄHLVERSE	104
Wir schneiden und kleben ein Ostereiersuchbild	BASTELVORSCHLAG	105
Tischschmuck für den Ostertisch	BASTELVORSCHLAG	106
Hoppelhäschen Hasenohr	LIED	108

Wie die Hasen ihre weiße Blume bekommen haben

Über die Kleewiese strich der warme Frühlingswind. Die ersten Schmetterlinge tanzten über das grüne Gras, und die Bienen brummten und summten so vergnügt wie an heißen Sommertagen. Die Lerchen schwangen sich hoch empor und trillerten vor Freude. „Der Frühling ist da! Singt mit!" so hieß ihr jubelndes Lied. Am Wiesenrand hockte die Hasenmutter. Sie stellte ihre Löffel hoch und trommelte mit den langen Hinterläufen. „Herkommen", hieß das. „Wo bleibt ihr, Seppl, Pit und Pummelchen! Es wird höchste Zeit, daß wir mit dem Eiermalen anfangen! Sollen die Kinder in diesem Jahr nur langweilige weiße Eier in ihren Nestern finden?" Eifrig kam Pit, der älteste kleine Hasenjunge, angehoppelt. Auch Pummelchen, das kleine runde Hasenmädchen, hatte Mutters Ruf gehört und sprang mit großen Sätzen vom Bachrand herüber. „Wo bleibt nur Seppl", schimpfte die Hasenmutter, und ihre Barthaare zitterten zornig. „Immer ist er der letzte, wenn's was zu arbeiten gibt!" – Sie blickte die beiden Hasenkinder streng an und pfiff ihr Ostereiermallied.

Holt die Farben, bringt die Pinsel,
schleppt die Eierkörbe her!
Bindet um die Hasenschürzen,
doch nicht naschen, bitte sehr!

Ostereier wolln wir malen,
laßt die Kinder nicht mehr warten!
Rot und grün und gelb und blau,
und versteckt sie gut im Garten.

Unterm grünen Fliederbusch
baut ihr euch das schönste Nest.
Und – die Kinder werden staunen,
wenn sie's finden – zum Osterfest.

Sie stellte den großen Eierkorb, den die Henne Glucki frühmorgens vom Dorf her angeschleppt hatte, auf den großen Felsstein, und Pit und Pummelchen schleppten die schweren Farbtöpfe herbei. Als sie gerade anfangen wollten zu malen, sprang in hohen Sätzen der kleine Seppl herbei. Übermütig tanzte er um den Ostereierkorb herum, und sein kleines braunes Schwänzchen zitterte vor Übermut und Freude. „So, nun hast du genug getobt", schimpfte die Hasenmutter. „Komm her, nimm den Pinsel in die Hand! Wird's bald?"
Seppl machte ganz überraschte Hasenäuglein. Seine Barthaare wippten auf und ab. Sein Näschen krauste sich so lustig, daß es der Hasenmutter schwerfiel, ernst zu bleiben.
Dann machte er so niedlich Männchen, wippte so lange auf seinen kräftigen Hinterläufen auf und ab, daß Pummelchen bewundernd meinte: „Seppl, du wirst noch mal ein richtiger Zirkushase!" „Wenn er nicht mein Jüngster wäre, hätte ich ihn schon längst mal an seinen langen Löffeln gezogen", dachte die Hasenmutter. „Und betteln kann er, da fällt es mir immer schwer, hart zu bleiben!" – „Einmal noch, liebe Mutter", bat Seppl, „noch eine kleine Runde drehen, immer im Kreis, über die Maulwurfshügel, die Ackerfurchen entlang. Wie der Acker dampft und duftet heute morgen! Dann durch die Taubnesseln und Gänseblümchen bis zum Bachrand und übers Kleefeld zurück. Immer im Kreis! Du weißt doch, ich finde immer wieder zurück! Und meinen allerletzten Trommeltanz muß ich noch tanzen auf dem großen Stein unter der Tanne. Ha – wie das trommelt und dröhnt mit meinen Hinterläufen! Und dann bin ich auch ganz, ganz fleißig!" Er pfiff ihr mit zärtlicher Stimme sein Bettellied vor:

> Ich spring, ich tanze im Sonnenschein,
> wenn die Löwenzahnwiese blüht.
> Wenn die Schwalbe jubelnd im Frühlingswind
> ihre weiten Kreise zieht.

Ich hoppel, ich spring im Sonnenschein
über Maulwurfshügel geschwind.
Ich knabbere süßen frischen Klee,
ich liebes braunes Hasenkind.

Nun wird es Frühling, der Winter ist weit,
die Maikätzchen kann ich schon sehn.
Ach, laß mich doch springen und toben geschwind,
liebe Mutter, das mußt du verstehn!

„Ein letztes Mal", sagte die Hasenmutter bestimmt und streckte beide Löffel hoch in die Luft. „Keine Widerrede", hieß das, „unwiderruflich!" – Da war Seppl schon mit einem großen Satz davongejagt.
Die Sonne stand hoch am Himmel, als er endlich außer Atem zurückkehrte. Pit und Pummelchen hatten schon die schönsten Muster auf ihren Eiern fertig. Pummelchen hatte sich die Gänseblümchen angeguckt und mit weißer und rosa Farbe kleine Gänseblümchengesichter aufgemalt. Pit fand die Löwenzahnblüten besonders schön. Kleine gelbe Kreise hatte er auf die Eier gepinselt. Wie leuchtende kleine Sonnen sah das aus. Und die Hasenmutter hatte natürlich wieder bunte Figuren und viele braune Osterhasen auf die weißen Eier gezaubert.
„Ach, da bin ich ja fast zu spät gekommen", staunte Seppl ganz unschuldig. „Ihr habt mir ja gar keine Eier übriggelassen! Wie schade, ich hatte heute solche Lust zu malen!" „Das glaubst du wohl selbst nicht", pfiff die Hasenmutter wütend und zog ihn an den langen Ohren. „Da steht noch ein großer Korb hinter dem Haselstrauch! Ran an die Arbeit!"
Seppl ließ das Ohr herunterhängen. „Jetzt muß ich mich aber beeilen", dachte er, „sonst krieg ich noch eins auf meine schöne braune Blume übergezogen!" Vor lauter Eifer vergaß er, seine Schürze umzubinden. Er tauchte den großen Pinsel ein und malte und malte, ohne nach rechts und links zu blicken. Ab und zu hörte er Mutter Hase pfeifen:

> Hier ein Strich und dort ein Strich,
> das geht eins, zwei, drei.
> Osterhäschen, malt und malt,
> wer hat das schönste Osterei?

„Ich bestimmt", dachte Seppl, und da hatte er eine großartige Idee. „Mit dem Pinsel geht es ja viel zu langsam. Wozu habe ich meine schönen langen Ohren!" Er tauchte einen Ohrlöffel in den roten Farbtopf und dann den anderen in den blauen Farbtopf. Wippwupp hatte er vier, fünf Eier hintereinander angemalt. Es war allerdings kein so schönes Muster geworden, richtige lustige blaurote Kindereier hatte er gemalt. Das nächste Mal tauchte er das linke Ohr in den lila Farbtopf und das rechte in den gelben. Was war das? Ein lilagrünes Osterei kullerte über den Rasen.

> Blau und gelb, gelb und blau,
> was wird da geschehn?
> Da kriegst du ein schönes Grün,
> gleich wirst du es sehn!

lachte Pummelchen. Seppl war sprachlos. Verwundert hüpfte er, ohne sich umzusehen, um das lilagrüne Osterei herum. Und – o weh – mit dem Stummelschwänzchen setzte er sich genau in den weißen Farbtopf!
Und so ist es gekommen, daß die Häslein bis heute mit weißer Blume herumhoppeln. Sie müssen sich sehr beeilen und viele Haken schlagen, damit die vielen Feinde sie nicht erwischen. Und Reineke Fuchs hat schon oft schadenfroh gerufen:

> O seht – der Hase Mümmelmann,
> der hoppelt übers Feld.
> Und jeder kann sein Schwänzchen sehn,
> ob ihm das wohl gefällt?

LIED/FINGERSPIEL/BEWEGUNGSSPIEL

Das Lied vom kleinen Hasen

Text: Barbara Cratzius
Melodie: Paul G. Walter

1. Ma - le, Häs-chen, ma - le mit zwei braunen Pfo - ten. Ich freu mich auf die Ei - er schon, die blauen und die ro - ten. Ich

2. Tanze, Häschen, tanze
   mit dem weißen Schwänzchen
   rund um den großen grauen Stein.
   Ich schau dir zu beim Tänzchen.

3. Hoppel, Häschen, hoppel,
   schnell mußt du verschwinden.
   Ich seh den Fuchs am Waldesrand.
   Er darf dich hier nicht finden.

4. Schlafe, Häschen, schlafe
   unter Weidenbäumen.
   Von Löwenzahn und grünem Klee
   da darfst du ruhig träumen.

Zu diesem Lied können Fingerspiele gespielt werden. Die Kinder können die Bewegungen auch mit dem ganzen Körper nachvollziehen und in großen Armschwüngen mit beiden Händen sogleich malen. Sie können tanzen, hoppeln, Haken schlagen (wobei ein Kind als Fuchs heranschleichen kann), zusammengekauert schlafen. Dabei können Orff-Instrumente (z. B. Klanghölzer beim Tanzen und Hoppeln, leises Glockenspiel und Xylophon beim Schlafen) den Spielablauf begleiten.

Osterhasenverse

Horch, der Wind, der Frühlingswind
rüttelt an den Zweigen.
Soll ich dir die weißen Kätzchen
bei den Weiden z...?   (zeigen)

Da – zwei Löffel, lang und braun,
hinterm Steine, siehst du das?
Nicht gemuckst, nun steh ganz still!
Ja, das ist der Oster...   (Osterhas)

Lieber guter Hase du,
lauf zu unserm Garten.
Unsre Nester bei den Büschen,
auf die Eier w...   (warten)

Schau, da steht er auf zwei Beinen,
Männchen macht er ganz geschwind.
Oh, da muß ich heftig niesen,
fort ist's Häschen wie der W...   (Wind)

Nur die weiße Blume noch,
glänzt im Sonnenlicht.
Bring uns viele bunte Eier,
Osterhas, vergiß uns n...   (nicht)

Schaut, da hockt im grünen Gras

Schaut, da hockt im grünen Gras
Weißschwänzchen, der kleine Has.
Öhrchen, die sind lang und braun,
lustig ist das anzuschaun,
macht im Gras ein kleines Tänzchen,
lustig wippt das weiße Schwänzchen.

Linke Hand zur Faust schließen, Daumen und Zeigefinger hochstrecken, das sind die Ohren, der kleine Finger ist das weiße Schwänzchen. Ohren wacken, das Schwänzchen tanzt.

Da kommt die Mutter Hase an.
Hörst du, kleiner Hasenmann!
Viele Nester in dem Garten
auf die bunten Eier warten.
Laß das Tanzen, Springen sein,
hilf mir beim Eiermalen fein.
Spielen – das ist jetzt verboten!

Rechte Faust ist Mutter Hase, sie droht mit dem Zeigefinger.

Alle Hasenkinder – schau –
malen Eier, rot und blau.
So wird es jedes Jahr wieder sein:
alle Kinder groß und klein
solln sich auf die Ostereier freun.

Rechte Hand über die Augen legen, herumschauen.

Alle fassen sich im Kreis an und tanzen herum.

Eine Hasengeschichte

Neulich war ich Eier suchen
am Wiesenrand, dort bei den Buchen.
Da guckt was Braunes im Klee empor,
was ist das? – Ein spitzes langes Ohr!
Und dann noch ein Öhrchen hinterdrein –
das kann nur Seppl, das Häschen sein!

Daumen, Ringfinger und kleinen Finger zum „Hasenköpfchen" zusammenlegen, zunächst den Zeigefinger, dann den Mittelfinger als „Ohr" hochstrecken.

Ich gucke weiter – hinterm Stein
seh ich zwei Pfötchen – braun und klein.
Das kann nur sein Schwesterchen Hopsi sein.

Daumen, Ringfinger und kleiner Finger der linken Hand hoppeln hin und her.

Die beiden hoppeln – das ist zum Lachen –
genau auf mich zu zum Männchenmachen.

Beide Hände zunächst zur Faust geballt „hoppeln" vorwärts, plötzlich strecken sich die „Öhrchen" hoch empor (Zeigefinger und Mittelfinger).

Sie putzen das Bärtchen wie die Katzen
mit ihren Pfötchen – doch ohne Tatzen.
Sie springen lustig querfeldein
im warmen Frühlingssonnenschein.

Daumen und Ringfinger reiben.

Beide Hände hoppeln vorwärts.

Doch plötzlich – o weh – was ist geschehn?
Habt ihr den roten Räuber gesehn?
Der Fuchs, der schleicht bei den Tannen entlang,
da wird den beiden Häschen bang.
Haken geschlagen – wupp – sind sie fort.
Nun tanzen sie weiter an anderem Ort.

(Schlag vom Tamburin)

Beide Fäuste hockrecken – hinterm Rücken strecken. Zum Schluß herumtanzen.

Vom kleinen Hasen, der keine Angst mehr hatte

Die Hasenmutter seufzte. „So", sagte sie zu ihren vier kleinen Hasenkindern, „nun habt ihr alle so schön das Hakenschlagen gelernt! Nur unser Hoppelhäschen kann es noch nicht! Was soll aus dir bloß werden, Hasenohr!" Und aufmunternd sang sie ihm ihr Hasenlied vor:

> Hoppelhäschen Hasenohr,
> bist du wirklich noch so klein?
> Du sollst groß und tüchtig werden
> und ein flinker Hase sein!

„Ich hab' Angst", sagte das Häschen, „wenn ich über die große Wiese laufe, sieht mich der Fuchs und fängt mich!" „Aber du mußt doch das Hakenschlagen lernen!" sagte die Hasenmutter energisch. Häschen Hasenohr duckte sich ängstlich zusammen. Da mußten die andern Geschwister lachen und riefen:

> Hi – Ha – Hasenohr,
> was machst du für Sachen!
> Wenn wir unser Häschen sehn,
> müssen alle lachen!

„Nicht so laut", mahnte die Hasenmutter. „Die Jäger könnten uns hören! Kommt, wir wollen lernen, über den Bach dort unten am Waldrand zu springen. Wenn ihr das geschafft habt, könnt ihr bei Gefahr ganz schnell in die Hasenhöhle kriechen!"
Die kleinen Häschen nahmen Anlauf, stemmten ihre Hinterläufe gegen die Steine am Bachrand und schossen in hohem Bogen über das Wasser. „Fein macht ihr das!" lobte die Hasenmutter. „Ich hab' Angst", jammerte Hasenohr. „Das Wasser ist so naß, und ich

könnte mir die Füße brechen!" – „Wann wirst du bloß ein richtiger Hase werden", seufzte die Hasenmutter. Und wieder sang sie ihr Hasenlied vor:

> Hoppelhäschen Hasenohr,
> bist du wirklich noch so klein!
> Du sollst groß und mutig werden
> und ein flinker Hase sein!

Aber Hasenohr rührte sich nicht von der Stelle. „Wenn du dich nicht bewegen magst", sagte die Hasenmutter, „dann wirst du wohl am besten die nächste Übung schaffen. Wenn ihr in größter Gefahr seid und nicht mehr fliehen könnt, müßt ihr euch einfach unbeweglich ins Gras ducken und „tot" stellen. Dann laufen die Menschen und vielleicht auch die Hunde vorbei."
Schon nach kurzer Zeit hatten die Hasenkinder es begriffen. Wie dunkle Steine lagen sie unbeweglich im hohen Gras; sogar die langen Hasenohren hatten sie angelegt. „Ich hab' solche Angst", jammerte Hasenohr, und seine langen Ohren zitterten. Seine Flanken bebten. Da riefen die Geschwister wieder:

> Hi – Ha – Hasenohr,
> was machst du für Sachen!
> Wenn wir unser Häschen sehn,
> müssen alle lachen!

„Dich wird als erster der Fuchs holen", sagte die Hasenmutter traurig. „Ich weiß keinen Rat mehr!" Inzwischen war es Abend geworden. Der Mond ging über den Tannenwipfeln auf, die Nachtschmetterlinge schwirrten zwischen den Stämmen umher, die Glühwürmchen leuchteten. „Ich hab' Angst", schluchzte Hasenohr. „Ach was", riefen die Geschwister, „wir spielen Verstecken und Fangen zwischen den Buchen! Das macht solchen Spaß!"
Sie tollten und balgten auf dem weichen Waldboden.

Auf einmal vernahmen sie den mahnenden Ruf der Hasenmutter. Ein großes Tier mit langem roten Schwanz schlich über die Wiese her auf den Waldrand zu. „Stellt euch tot", rief die Häsin. Unbeweglich hockten sich die jungen Häschen in die Mulde am Abhang. „Ich hab' Angst", schrie Hasenohr. Und da hörte er auch schon das Knacken der Äste dicht hinter sich. Er fuhr hoch, schlug ein paar flinke Haken, fegte über die Wiese hin, schlug wieder Haken, setzte in gewaltigem Sprung über den Bach, und schon war er in der Hasenhöhle verschwunden. Das große Tier schnupperte noch ein paarmal am Eingang der Höhle, dann lief es weiter. Da kam auch schon die Hasenmutter angewetzt und nahm Hasenohr zärtlich zwischen ihre Pforten. Dann sang sie:

> Hoppelhäschen Hasenohr,
> du bist nicht mehr klein!
> Wirst ein flinker Hase werden
> und ganz stark und mutig sein!

Nach und nach kamen die Geschwister angehoppelt. „Wie hast du das bloß gemacht! Du warst schneller als der böse Fuchs", riefen sie bewundernd. Und dann riefen sie:

> Hi – Ha – Hasenohr,
> was ist nur geschehen?
> Du bist schneller als der Räuber!
> Habt ihr das gesehen!
> Hi – Ha – Hasenohr
> mit vier flinken Beinen.
> Du machst uns das Laufen vor
> über Stock und Steinen.

Hasenohr saß ganz stolz im Hasenbau und kratzte sich hinter den Ohren wie ein richtiger großer Hase.

Habt ihr den dunklen Habicht gesehen?

Habt ihr den dunklen Habicht gesehen?
Duckt euch, ihr Häschen, sonst ist es geschehen!

Linke ausgestreckte Hand ist der Habicht, er kreist in hohem Bogen über der geschlossenen rechten Hand.

Er fliegt übern Bach und über den Klee,
ihr Häschen, paßt auf, o weh – o weh!
Nun ist er hoch in weitem Bogen
über den Acker dahingezogen.

Zeigefinger und Mittelfinger der rechten Hand hochheben.

Die Häschen heben hoch das Ohr
und schauen unterm Busch hervor.

Da kommt er wieder – scharf ist sein Blick,
duckt euch schnell ins Gras zurück!
Und plötzlich stürzt er nieder – o Graus!
Da hat er gefangen die Maus!

Rechte Hand wieder zusammenschließen, linke Hand stürzt nieder und packt die rechte Hand.

Doch nun fliegt er fort und kommt nicht zurück.
Jetzt könnt ihr hoppeln und springen – welch Glück!

Linke Hand und rechte Hand bewegen sich in hohem Bogen fort.

Fünf Hühnchen hab' ich im Hühnerstall

Fünf Hühnchen hab' ich im Hühnerstall
auf der langen braunen Stange gesehen.

Die fünf Finger der rechten Hand auf den linken Unterarm legen.

Nun flattern sie alle froh und munter
auf den Hühnerhof hinunter.

Die Finger „flattern" durch die Luft, setzen sich auf die Erde oder den Tisch.

Sie scharren und picken den ganzen Tag
und gackern: gi – ga – gack, gack.

Mit den Fingern scharren und picken.

Ein Hühnchen trippelt unter die Hecken,
dort werd ich bald ein Ei entdecken.

Linker Unterarm zur „Hecke" wölben, mit dem Daumen und Zeigefinger der rechten Hand ein Ei formen.

Ein Ei fand ich im Grase hier
und eins unterm Korb gleich neben der Tür.
Das vierte hab ich gefunden im Heu,
und im Osternest lag das fünfte Ei.

Dabei kann die Erzieherin nacheinander die Eier hochhalten.

Osterhasenspiel

Habt ihr Lust, draußen auf der Wiese ein lustiges Osterhasenspiel zu spielen? Mehrere Kinder dürfen Osterhase sein. Sie bekommen ein buntes Band um den Arm gebunden, das frei flattert. Sie können auch ein braunes Schwänzchen umgebunden bekommen. Die andern Kinder locken sie:

Has, Has, Osterhas
in dem grünen, grünen Gras.
Komm ein bißchen näher ran,
daß ich dein Schwänzchen fassen kann.

Die Häschen hoppeln langsam heran, bis sie etwa fünf bis sechs Meter von der Kindergruppe entfernt sind. Bei dem Ruf „Fangt die Häschen!" laufen sie davon. Das Häschen, das gefangen oder am Schwänzchen berührt wird, muß ausscheiden. Das Häschen, das übrig bleibt (also am schnellsten war), ist Sieger und bekommt eine Belohnung.

Wo ist der „ernste" Osterhase?

Bei diesem Spiel sollten etwa 8 bis 10 Kinder mitspielen. Mehrere Häschen ducken sich im Kreis. Sie halten ihre Hände als „Ohren" an den Kopf oder haben lange Pappohren umgebunden. Die Jäger gehen um die Häschen herum und versuchen, sie zu kitzeln. Dabei rufen sie:

Dich faß ich an den langen Ohren,
wenn du lachst, bist du verloren!

Die Häschen müssen versuchen, ganz ernst zu bleiben. Ab und zu fassen die Jäger ein Häschen jeweils an einen Arm und schwenken es hin und her. Dabei können sie rufen:

Im grünen Gras, im grünen Gras,
da lacht ein kleiner Osterhas!

Wenn ein Hase dabei lacht, muß er ausscheiden. Der „ernsteste" Osterhase bekommt einen Preis.

Blase, blase wie der Wind!

Beim Eierblasen sitzt ihr alle um einen Tisch herum. Legt eure Arme an die Tischkante, damit das Ei nicht herunterfällt! – In der Mitte des Tisches wird ein ausgeblasenes Ei gelegt. Der Spielleiter ruft:

Blase, blase wie der Wind,
rolle, rolle, Ei geschwind!

Nun pustet der Spielleiter das Ei auf einen Spieler zu. Dieses Kind versucht, mit aller Kraft das Ei weiterzublasen, damit es nicht seinen Arm berühren kann. Für jedes Berühren gibt es einen Minuspunkt, den der Spielleiter (der nicht mitspielt) aufschreibt. Wer 5 oder 10 Minuspunkte hat, muß ausscheiden. Der Sieger bekommt eine vorher festgelegte Belohnung.

1, 2, 3, und du bist raus!

Wollt ihr auf dem Hof oder auf der Wiese Fangen oder Verstecken spielen? Hier sind ein paar neue Abzählverse für das Kind, das fangen oder suchen muß.

In der Kuhle sitzt ein Häschen,
hat die braunen Äuglein zu.
1, 2, 3, und ab bist du.

Kater kommt zum Strauch geschlichen,
und der Spatz kriegt einen Schreck.
1, 2, 3, und du bist weg.

Kleiner bunter Schmetterling,
laß die schönen Flügel sehn,
1, 2, 3, und du mußt gehn.

Kra, kra, kara, die schwarzen Krähen
fliegen über unser Haus.
1, 2, 3, und du bist raus.

Das kranke Häschen

Ihr kennt sicher alle das Lied: Häschen in der Grube. Einer von euch ist das kranke Häschen und hockt sich in die Mitte von eurem Kreis. Es hält sich die Augen zu. – Ihr faßt euch an den Händen und wandert im Kreis herum. Bei den Worten „Häschen, hüpf" bleibt ihr stehen, und das Häschen hüpft mit verschlossenen Augen auf ein Kind zu. Dieses Kind darf dann als nächstes das Häschen spielen.

Eierrollen

Zu Ostern wird euch das Eierrollen Spaß machen. Ihr sucht euch in der Frühlingssonne einen kleinen Abhang. Der erste Spieler rollt ein hartgekochtes Ei oder ein Schokoladenei den Abhang hinunter. Das Ei bleibt irgendwo im Gras liegen. Nun kommen die andern Spieler an die Reihe und rollen ihre Eier hinterher. Derjenige Spieler, dessen Ei am nächsten an das erste Ei herangekullert ist, darf das ganze „Osternest" behalten.

Braune Häschen zum Aufhängen

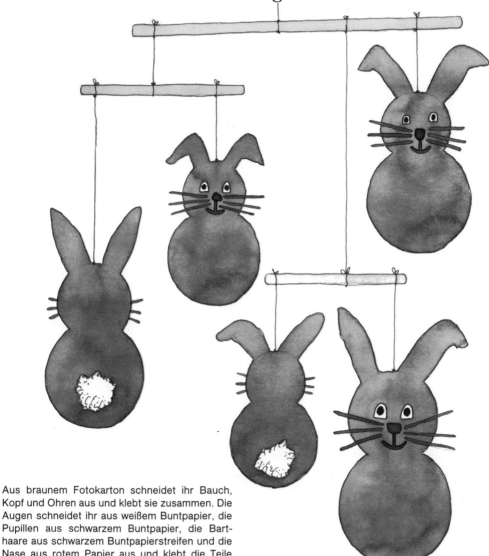

Aus braunem Fotokarton schneidet ihr Bauch, Kopf und Ohren aus und klebt sie zusammen. Die Augen schneidet ihr aus weißem Buntpapier, die Pupillen aus schwarzem Buntpapier, die Barthaare aus schwarzem Buntpapierstreifen und die Nase aus rotem Papier aus und klebt die Teile sorgfältig auf.

Hinten wird noch der kleine Watteschwanz aufgeklebt. Die Osterhasen können in lustiger Reihe an einer langen Schnur oder als Mobile aufgehängt werden. *(U. Weber)*

Buntes Osternest

Ihr schneidet die Blüte zweimal aus gelbem oder blauem Fotokarton zu. Schneidet den Mittelkreis einmal in Weite 1 und einmal in Weite 2 aus. Dann klebt ihr die Blüten versetzt auf einen kleinen Joghurtbecher (Fruchtzwerg). – In den Joghurtbecher könnt ihr grünes Gras stecken. Er kann auch als kleines Väschen oder als Eierbecher euren Ostertisch schmücken. *(U. Weber)*

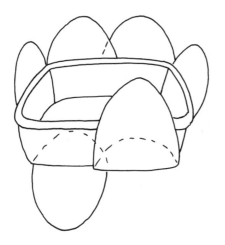

Kressebeet mit Eierschmuck

Ihr schneidet sechs bis acht Eierformen aus verschiedenfarbigem Tonpapier aus. Die Formen könnt ihr bunt mit Filzstiften verzieren. Dann faltet ihr das untere Drittel um und klebt die Eier um eine viereckige Plastikschale (z. B. Salatschale). – In die Schachtel gebt ihr Watte und feuchtet sie mit Wasser gut durch. Dann streut ihr Kressesamen auf die Watte. Nach 4 bis 6 Tagen (eventuell nachwässern) habt ihr ein schönes grünes Kressebeet. Wenn ihr wollt, könnt ihr euch auch die Blätter fürs Butterbrot abschneiden. *(U. Weber)*

Frühlingssalat: Häschenschmaus

Einen grünen Frühlingssalat können wir uns im Frühling auf der Wiese pflücken. Sucht euch grüne Löwenzahnblätter, junge Brennesselblätter (Vorsicht, mit Gartenhandschuhen abpflücken! Wenn die Blätter gewaschen und kleingehackt sind, brennen sie nicht mehr.) und Brunnenkresseblätter. Kresse könnt ihr euch auch im Garten oder auf einem mit feuchter Watte belegten Teller keimen lassen. Nun wascht ihr die Blätter unter fließendem Wasser kurz ab (nicht im Wasser liegen lassen, weil sonst die wichtigen Nährstoffe verloren gehen), schwenkt sie aus und hackt sie.

Für die Soße nehmt ihr 1 bis 2 Gläser Joghurt, einige Tropfen Zitronensaft, etwas Honig, Kräutersalz und einige Löffel saure Sahne. Wenn ihr mögt, könnt ihr auch eine kleine Prise Knoblauchsalz dazugeben. Habt ihr vom Herbst noch Sonnenblumenkerne aufbewahrt? Ihr könnt sie auch abgepackt kaufen. Nun werden einige Sonnenblumenkerne über den Salat gestreut. Dann bekommt ihr einen ganz besonders „knackigen" Genuß. Wenn ihr zum Schluß noch einige Mohrrübenscheiben über den Salat verteilt, habt ihr einen richtig gesunden „Häschenschmaus".

Ein Osternest

Nehmt ein Stück braunes Tonpapier, 19 × 10 cm groß, und faltet es in der Mitte.

Malt die Häschenfigur auf und schneidet sie doppelt aus.

Als Stummelschwänzchen könnt ihr ein kleines Wattebällchen oder einen Pelzrest ankleben.

Dann klebt Ihr die Häschen an die Längsseiten des Schubkästchens einer Streichholzschachtel.

Zum Schluß füllt Ihr das „Nest" mit Moos und bunten Ostereiern.

(E. Scharafat)

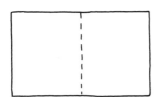

Kathrinchen sagt: Im Grase, schau

Kathrinchen sagt: „Im Grase,
schau, da sitzt ein Hase.
Er hat sehr lange Beine
und lebt gern alleine
mit seiner Hasenfrau.
Das weiß ich ganz genau!"
Da staunt Kathrinchen sehr,
es kommen immer mehr.
„Aha", sagt da Kathrinchen, „die
Hasen sind KANINCHEN."

(E. Scharafat)

Knicke, knacke ...

Knicke, knacke, knucke,
auf dem Nest die Glucke
brütet weiße Eier aus,
schlüpfen gelbe Kücken raus.
Gelbe Kücken weich und fein –
du sollst es sein!

Sim, sam, sum –
dreh dich um.
Si, sa saus –
du bist raus!

Sieben dicke Schnecken
wollten sich verstecken
unter dichten Hecken.
Eine war sehr keck,
die kroch weg.

(E. Scharafat)

Wir schneiden und kleben ein „Ostereiersuchbild"

So entsteht eine Osterhasen-Wiese.

Du brauchst dazu:
1 Zeichenblatt DIN A 4,
2 Bögen grünes Tonpapier DIN A 4,
Schere, Klebstof, Filzstifte

1. Schneide jeden Bogen Tonpapier in vier lange Streifen.

2. Schneide jeden Streifen wie einen Kamm ein, das sind die Gräser auf der Wiese.

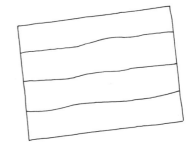

3. Streiche jeden eingeschnittenen Streifen an der festen Kante mit Uhu ein und klebe ihn auf das Zeichenblatt. Beginne an der oberen Blattkante und achte darauf, daß die Gräser den vorangegangenen Streifen etwas überdecken.

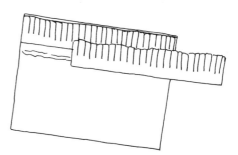

4. Male Osterhasen und Eier und verstecke sie im Gras.
   Jetzt dürfen deine Freunde suchen

(E. Scharafat)

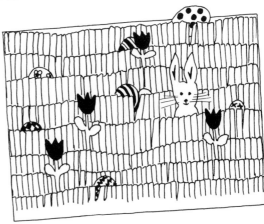

BASTELVORSCHLAG

Tischschmuck für den Ostertisch: Hähne und Hennen

Du brauchst dazu
gelbes, rotes, grünes und blaues Tonpapier, Klebstoff, Schere, Filzstift (schwarz)

Schneide aus gelbem Tonpapier einen Kreis:
⌀ 18 cm
Teile den Kreis in zwei Hälften und schneide von einer Hälfte an der Rundung 1 cm ab.

Das große Hütchen wird der Hahn, das kleine, die Henne
Die Hühner brauchen einen Kamm, einen Schnabel, Augen und einen Schwanz.

Hahn: **Henne:**

Schneide aus rotem Tonpapier 2 Rechtecke zu

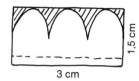
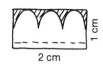

Schneide in die obere Kante Bögen.
Falte die untere Kante an der gestrichelten Linie.
Klebe die gerade Kante an die Klebekante des Hahns und der Henne

Forme aus jedem Halbkreis ein Hütchen.

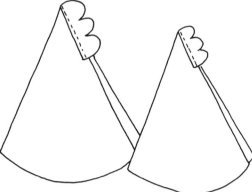

Schneide zwei Quadrate aus rotem Tonpapier

Falte sie zu Dreiecken, das sind die Schnäbel.
Klebe sie an den Hahn und die Henne.
Male Augen mit einem schwarzen Filzstift.

Klebe bei jedem Hütchen die überstehenden Teile fest.

Jetzt fehlen noch die Schwänze

Hahn:

Schneide aus buntem Tonpapier 6 Streifen.

Henne:

Schneide aus gelbem Tonpapier 3 Rechtecke.

Schneide eine Seite spitz zu.

Klebe alle 6 zugeschnittenen Streifen mit der Spitze nach oben an den unteren Rand des Hanes, so daß ein Hahnenschwanz entsteht.

Schneide 3 Bögen aus.

Schneide die Bögen wie einen Kamm ein. Falte das Rechteck an der gestrichelten Linie. Klebe die 3 Schwanzteile an die Henne,

Biege die Spitzen im Bogen nach unten.

wie du es auf der Zeichnung siehst.

Fertig ist dein Tischschmuck.

(E. Scharafat)

Hoppelhäschen, Hasenohr

Text: Barbara Cratzius
Melodie: Paul G. Walter

1. Hop-pel-häs-chen, Ha-sen-ohr, führ uns dei-ne Sprün-ge vor ü-ber Stock und ü-ber Stei-nen mit vier flin-ken brau-nen Bei-nen. Hopp, hopp, hopp, hopp, hopp! Hopp, hopp, hopp, hopp, hopp!

2. Hoppelhäschen, Hasenschwanz,
   zeig uns deinen Hasentanz
   auf den Wiesen, auf den Feldern,
   in den Büschen, in den Wäldern.
   |: Hopp, hopp, hopp, hopp, hopp :|

3. Hoppelhäschen, Hasenkind,
   reck dein Häschen in den Wind,
   schnupper in die Frühlingsluft,
   nein, das ist kein Blütenduft,
   |: weh, du kleiner Has! :|

4. Hoppelhäschen, Hasenmatz,
   nun spring los mit einem Satz!
   Wer schleicht da auf leisen Pfoten.
   Oh, den Schwanz seh ich, den roten.
   |: Au, du kleiner Has! :|

5. Sausehäschen, Sausefell,
   über Stock und Steine schnell!
   Hat der Fuchs dich schon beim Kragen?
   Vorwärts! Hopp! Und Haken schlagen!
   |: Bravo, kleiner Has! :|

7 Die Ostersonne macht unsre Herzen froh

(Christlicher Osterkreis)

Ostern mit Kindern feiern		110
Impulse für die Zeit vor Ostern		111
a) Jesus segnet die Kinder	Erzählung – Geschichte	112
b) Jesus und Zachäus	Erzählung – Geschichte	112
c) Einzug in Jerusalem	Erzählung – Geschichte	113
Lied vom Einzug in Jerusalem	Lied	114
Palmbuschen	Brauchtum	115
Hähne zum Ausmalen	Bildhafte Gestaltung	115
Das gemeinsame Ostermahl	Tischgebete	116
Vom letzten Abendmahl	Erzählung – Geschichte	117
Osterlied für Kinder beim gemeinsamen Mahl	Lied	118
Wir verzieren eine Osterkerze	Bastelvorschlag	119
Auf dem Weg nach Emmaus	Erzählung – Geschichte	120
Lied der Emmausjünger	Lied	121
Gebete	Gebete	122
Die Gemeinschaft am See	Erzählung – Geschichte	123
Osterlied für Kinder	Lied	124
Wir binden und schmücken einen Osterkranz . .	Bastelvorschlag	124
Wir backen Osterfiguren	Rezept	125
Wir färben und bemalen Ostereier	Bastelvorschlag	125

EINFÜHRUNG

Ostern mit Kindern feiern

Für Menschen, die ihren Lebensgrund von Christus her beziehen, bedeutet Ostern mit Kindern feiern mehr als nur die Freude an der erwachenden Natur, am Spiel mit dem eiermalenden Osterhasen. Es fällt uns allerdings viel leichter, unsere Kinder „alle Jahre wieder" auf das Weihnachtsfest mit seinen vielfältigen Gestaltungsmöglichkeiten einzustimmen, als den Osterfestkreis vorzubereiten. Die Geburt Jesu steht uns allgemein näher als seine Auferstehung. Und doch ist für die Christenheit der Festkreis Passion – Ostern – Pfingsten das zentrale Bekenntnis ihres Glaubens. Schon in den ersten Gemeinden wurde der erste Wochentag als Erinnerung an die Auferstehung Jesu gefeiert. Die Tradition der Feier der Geburt Christi, die Feier des Weihnachtsfestes hat sich erst viel später herausgebildet. Die Bibel berichtet von der frohen Botschaft der Geburt des Heilands, zurückhaltend, fast sparsam ... Es begab sich aber zu der Zeit ...
Viel ausführlicher entfaltet die Bibel die Themen, die den Passions- und Osterkreis beschreiben. Das Kind kann beim Hören und Nachgestalten dieser Berichte spüren, daß Gott uns helfen will in schmerzlichen und traurigen Zeiten unseres Lebens. Auch dem Kind sind die Erfahrungen des Leidens, der Enttäuschung, der Krankheit und des Todes von Verwandten und Freunden nicht fremd. Ich würde aber sehr behutsam sein bei der Gestaltung der Passionsgeschichte und bei der Darstellung von Leiden und Kreuz unseres Herrn. Jörg Zink sagt in seiner Kinderbibel „Der Morgen weiß mehr als der Abend"[1]. „Es gibt meines Erachtens keine Ebene, auf der für ein Kind der Tod des Christus am Kreuz als erlösend, als hilfreich erscheinen könnte. Es ist schon fast unmöglich, einem Erwachsenen begreiflich zu machen, was sich im Mysterium des Todes Christi wirklich vollzog. Ich habe die Passionsgeschichte darum in ein indirektes Hörensagen verlegt. Sie kann allein von den Ostergeschichten her erträglich werden, wie ja überhaupt das ganze Evangelium sein Licht aus den Ostergeschichten hat und ohne sie seinen Sinn verlöre."
Ich habe das Thema „Ostern mit Kindern gestalten" ausführlicher in meinem Buch „Kinder im Kirchenjahr"[2] behandelt. An dieser Stelle möchte ich einen Themenkreis der Ostergeschichten herausgreifen, der für das Erlebnis der Gemeinschaft der Kindergruppe besonders wichtig ist: das gemeinsame Mahl, die Tischgemeinschaft.
In den biblischen Zeugnissen um das

---

[1] Jörg Zink, Der Morgen weiß mehr als der Abend, Kreuz-Verlag, S. 181.
[2] Barbara Cratzius, Kinder im Kirchenjahr, Brunnen Verlag, 1984. – Vgl. auch Karin Krüppel, Ostern mit Kindern vorbereiten, Verlag Herder, Freiburg, ⁶1987.

Ostergeschehen wird neben der Situation, die die persönliche Erfahrung vom Menschen ausdrückt (aus ängstlichen, traurigen, verzweifelten Jüngern werden mutige, hoffnungsvolle Zeugen) immer wieder die Erfahrung der neuen Gemeinschaft untereinander deutlich.

Jesus hat schon zu Lebzeiten oft das gemeinsame Mahl mit den Menschen in seiner Nähe gehalten, bei der Speisung der Fünftausend am See (Mark. 6), bei der Hochzeit von Kana (Joh. 2), mit den Armen, Krüppeln, Lahmen, Blinden (Luk. 14), mit den Zöllnern und Sündern (Luk. 19), beim letzten Abendmahl (Math. 26).

Nach Ostern hält der Auferstandene eine neue Gemeinschaft mit seinen Freunden, er bricht das Brot mit ihnen (Jünger von Emmaus), er teilt Brot und Fische (Erscheinung am See Genezareth).

Wenn wir mit den Kindern in der Osterzeit eine festliche Tischgemeinschaft vorbereiten, können wir sie „alle Jahre wieder" mit dem Ostergeschehen vertraut machen und sie auf die österliche Freudenzeit einstimmen. Gerade bei der Feier einer solchen Tischgemeinschaft geht es nicht nur um die verbale Vermittlung des Ostergeschehens, sondern um eine freudige Erfahrung, die den ganzen Menschen mit seinen kreativen Kräften umfaßt. Wir können in der Kindergruppe schon lange Zeit vorher mit der festlichen Gestaltung des Ostertisches beginnen. Die Anregungen aus den vorigen Kapiteln (Kressenester, Osternester, Schmetterlinge, Backen von Brötchen) können hier aufgenommen werden.

Impulse für die Zeit vor Ostern

In der Zeit zwischen Weihnachten und Ostern sollten in der Kindergruppe verschiedene Berichte der Bibel, die Jesus als den helfenden, liebenden Herrn darstellen, entfaltet werden. Sonst ist für die Kinder der Übergang vom Weihnachtsfestkreis zum Osterfestkreis nicht nachvollziehbar. Ich greife aus den Jesusgeschichten drei Ereignisse heraus, die für die Kinder dieser Altersstufe besonders geeignet sind: Jesus segnet die Kinder, Jesus und Zachäus; der Einzug in Jerusalem. Die beiden letzten Berichte stehen unmittelbar vor dem Leidensgeschehen in Jerusalem.

Jesus segnet die Kinder

(nach Mark. 10, 13–16)

Jesus kommt mit seinen Jüngern in ein Dorf. Die Menschen drängen sich um ihn. Er erzählt ihnen von der Liebe Gottes. Immer mehr Mütter kommen aus den Häusern. Sie tragen die kleinen Kinder auf ihren Armen. Sie möchten, daß Jesus die Kinder segnet. „Geht nach Hause", rufen die Jünger. „Ihr seht doch, der Herr ist müde und will seine Ruhe haben!" – Da schaut Jesus hoch und sieht die vielen kleinen Kinder. Sie sitzen im Sand vor ihnen, immer neue Kinder laufen herzu. „Nein", sagt Jesus, „schickt die Kinder nicht fort! Laßt sie zu mir kommen! Gott hat alle Menschen lieb, die Großen und die Kleinen. Wer ihm nicht vertraut wie ein Kind, wird nicht erfahren, wie gütig Gott ist." – Er schließt die Kinder in seine Arme und segnet sie.

Jesus und Zachäus (nach Luk. 19, 1–10)

Jesus kommt mit seinen Jüngern in die Stadt Jericho. Dort wohnt Zachäus, der Zöllner. Das ist ein reicher Mann, der den Menschen am Zoll oft zuviel Geld abnimmt. Niemand in Jericho mag ihn leiden. „Das ist ein Betrüger", sagen die Menschen, „mit dem wollen wir nichts zu tun haben!"
Als Jesus durch die Straßen von Jericho zieht, möchte Zachäus ihn sehen. Aber viele Menschen am Wegrand lassen ihn nicht durch. Er ist so klein, daß er nicht über die Köpfe hinwegsehen kann. Da läuft er ein Stück die Straße hinunter und klettert auf einen Maulbeerbaum. Als Jesus nahe herankommt, schaut er nach oben und guckt Zachäus gerade ins Gesicht. „Steig herunter, Zachäus", ruft er, „große Freude sollst du erfahren. Ich

will heute in deinem Haus einkehren!" Die Menschen sind zornig. „Ins Haus eines Betrügers will Jesus gehen", rufen sie. Aber Zachäus klettert eilig vom Baum herunter und richtet ein großes Fest aus. „Alles soll anders werden", ruft er. „Ich will den Betrogenen und den Armen viermal soviel zurückgeben! Und Jesus spricht: „Gott nimmt alle Sünder an. Ich bin gekommen, auch die verlorenen Menschen zu retten."

Einzug in Jerusalem (nach Matth. 21, 1–11)

Jesus ist mit seinen Jüngern drei Jahre lang durchs Land gezogen. Er hat den Menschen von Gott und seiner frohen Botschaft erzählt. Viele Menschen hat er gesund und froh gemacht. Manche Menschen aber ärgern sich über ihn und sagen: „Er geht zu den Sündern, er hält nicht unsere Gesetze." Nun steht Jesus vor den Toren der Stadt Jerusalem. Er sagt zu zweien seiner Jünger: „Geht schon voraus ins Dorf und bindet ein Eselsfohlen los. Es steht am Eingang bei den Olivenbäumen. Wenn man euch fragt: ‚Was wollt ihr mit dem Esel?', dann sagt: 'Der Herr braucht ihn'." Die Jünger führen den Esel zu Jesus. Sie legen ihre Kleider auf das Tier und helfen Jesus hinauf. Als er durch die Straßen zieht, jubeln die Menschen ihm zu: „Gelobt sei der König, er kommt im Namen des Herrn. Gott hat ihn uns geschickt, er bringt uns den Frieden." Viele Menschen reißen Palmzweige von den Bäumen ab und breiten ihre Kleider wie Teppiche auf der Straße aus. Die Feinde von Jesus sind böse. „Wie kannst du dich König nennen lassen", rufen sie. „Sag den Menschen, sie sollen schweigen." Jesus ist traurig. Er spürt, daß viele Menschen in Jerusalem ihn hassen. Unter dem Jubel seiner Freunde reitet er in die Stadt hinein. Aber in seinem Herzen ist er traurig. Er spürt, daß seine Leidenszeit beginnt.

Diese Geschichte können wir mit den Kindern im Rollenspiel nacherleben lassen. – Wir können zur Geschichte vom Einzug in Jerusalem auch ein Bild von fröhlichen und zornigen Menschen gestalten (mit Fingerfarben oder Wollfäden).

Lied vom Einzug in Jerusalem

Text: Barbara Cratzius
Melodie: Paul G. Walter

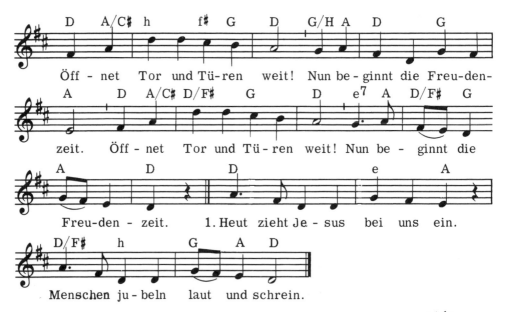

2. Seht, sie ziehn die Mäntel aus,
   breiten sie vor Jesus aus.

3. Jesus macht die Blinden sehn,
   und die Lahmen läßt er gehn.

4. Er liebt alle, groß und klein.
   Nahe will er jedem sein.

5. Könnt ihr Menschen das verstehn?
   Manche wollen ihn nicht sehn.

6. Jesus, zieh bei uns auch ein.
   Laß uns Menschen nicht allein!

(Kinderzeichnung)

BRAUCHTUM / BILDHAFTE GESTALTUNG

Palmbuschen

In manchen Gegenden in Süddeutschland werden in der Osterzeit „Osterpalmen", Palmbuschen gebunden. Dazu braucht man einen kräftigen Holzstab, um den am oberen Ende Buchsbaum, Stechpalmen oder Fichten gebunden werden. Auch Weidenkätzchen können an das obere Ende geklebt werden. Der Stock wird mit buntem Kreppapier umwickelt. Am oberen Ende werden mehrere Lagen Kreppapier übereinandergewickelt und zu kleinen Streifen auseinandergeschnitten.

Hähne zum Ausmalen

Material: Wachsfarben oder Filzstifte oder Tuschfarben

Arbeitsanleitung: Ihr könnt die abgebildeten Hähne als Schablone benutzen oder euch eine eigene Schablone für eine ganze Reihe bunter Hähne anfertigen.
Diese Hähne sehen besonders hübsch aus, wenn ihr sie mit leuchtenden Wachsstiften anmalt. Ihr könnt auf diese Weise eine ganze Hahnenfamilie anfertigen. Wenn ihr die Hähne von beiden Seiten bemalt, könnt ihr sie frei in den Raum hängen oder ein Mobile daraus gestalten.
Als Wandschmuck sehen sie sehr hübsch aus, wenn sie auf einen rechteckigen Fotokarton aufgeklebt werden. Es kann auch ein langer Wandfries daraus entstehen.

Das gemeinsame Ostermahl

Während die vorausgegangenen Geschichten die Kinder in den Wochen vor Ostern begleiten, können die letzten Tage vor den Osterferien ganz im Zeichen der Vorbereitung des gemeinsamen Ostermahls stehen.

Die Kinder kennen aus ihren Erfahrungen, daß das gemeinschaftliche Essen und Trinken Freude macht. Gerade bei Einzelkindern, Schlüsselkindern und schlechten Essern wird diese Erfahrung sehr deutlich. Die Kinder spüren in einer Tischgemeinschaft, daß ihnen nicht alles allein gehört, daß sie mit anderen teilen dürfen und müssen.

Zu einer christlichen Tischgemeinschaft gehört auch das Tischgebet. Wir können schon längere Zeit vor Ostern mit den Kindern alte und neue Tischgebete am Anfang und Ende einer Mahlzeit miteinander sprechen. Dabei erfahren die Kinder, daß es bei der Tischgemeinschaft nicht nur um Essen und Trinken, sondern auch um soziale Bezüge und den Dank und die Hinwendung zu Gott, unserem Schöpfer, geht.

Herr Jesus, wie du im Kreis der Jünger gesessen,
segne du unser Trinken und Essen.

Herr, bleib du in unsrer Mitte,
der du reiche Gaben gibst.
Segne uns und laß uns spüren,
daß du deine Kinder liebst.

Unser Tisch ist reich gedeckt,
trinken dürfen wir und essen.
Laßt uns nach dem frohen Mahle
auch das Danken nicht vergessen.

Für alle diese Gaben,
die wir empfangen haben,
laßt uns Gott, dem Herren,
Dank sagen und ihn ehren.

Wir danken dir, Herr Jesu Christ,
daß du unser Gast gewesen bist.
Du schenkst uns Speise, weil du uns liebst,
wir danken für alles, was du uns gibst.

Im Osterkreis sei du unser Gast,
der du den Tisch bereitet hast.
Wir danken dir für alle Gaben,
die wir von dir empfangen haben.[3]

Wichtig ist, daß beim gemeinsamen österlichen Essen Brot oder Brötchen miteinander geteilt werden. Die Erzieherin kann die Stücke auf einem großen Teller bereit halten, so daß jeder sich einen Teil nimmt und der Teller dann weitergereicht wird. Auf diese Weise wird es weniger Unruhe und Krümelei geben, als wenn die Kinder einzeln die Brote brechen. Ein Glas oder Becher mit Saft kann weitergereicht werden. Wenn Erkältungskrankheiten in der Gruppe herrschen, sollte allerdings jedes Kind sein eigenes Trinkgefäß bekommen. – Die Erzieherin kann dabei in einfachen Worten vom letzten Abendmahl Jesu mit seinen Jüngern erzählen.

Vom letzten Abendmahl

(nach Matth. 26, 17–28)

Jesus wollte mit seinen Jüngern zusammen das Mahl halten. Er schickte seine Jünger in die Stadt zu einem Mann. Dort sollten sie das Abendessen richten. Sie saßen rings um den Tisch in einem Kreis. Jesus nahm das Brot in seine Hände. Er dankte und segnete das Brot. Dann brach er es und gab es seinen Jüngern. Die Jünger aßen miteinander davon. Jesus dankte und segnete auch den Wein. Die Jünger tranken alle davon. Jesus sprach: „Brot und Wein sind von Gott geschenkt. Bald werdet ihr mich nicht mehr sehen. Aber wenn ihr fortan das Brot brecht und den Wein miteinander trinkt, bin ich bei euch in eurer Gemeinschaft."[4]

---

[3] Weitere Tischgebete in: Barbara Cratzius: ... und ich spür, daß du mich liebst. St. Johannis-Druckerei
[4] Ausführlicher in: Karin Krüppel, Ostern mit Kindern vorbereiten, Verlag Herder, Freiburg.

Wichtig ist, daß auch österliche Lieder während des Essens gesungen werden, zum Beispiel:

Osterlied für Kinder beim gemeinsamen Mahl

Text: Barbara Cratzius   Melodie: Paul G. Walter

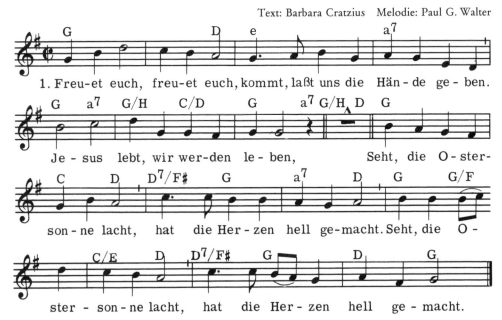

1. Freu-et euch, freu-et euch, kommt, laßt uns die Hän-de ge-ben.
Je-sus lebt, wir wer-den le-ben, Seht, die O-ster-son-ne lacht, hat die Her-zen hell ge-macht. Seht, die O-ster-son-ne lacht, hat die Her-zen hell ge-macht.

2. Freuet euch, freuet euch.
   Kommt, laßt uns das Brot nun reichen.
   Herr, wir danken für dein Zeichen.

3. Freuet euch, freuet euch.
   Laßt den Becher weiterwandern.
   Herr, wir teilen mit den andern.

(Kinderzeichnung)

Wir verzieren eine Osterkerze

Die Osterkerze ist in der Kirche ein Symbol für den auferstandenen Herrn. Sie ist mit einem Kreuz aus Wachs geschmückt, in den vier Winkeln des Kreuzes steht die Jahreszahl, in der wir das Osterfest feiern.
Mit Hilfe der Erzieherin können die Kinder die Kreuzform aus festem Papier ausschneiden. Sie wird auf Kerzenziehwachs gelegt und mit einem Küchenmesser rundum nachgeschnitten. – Das Verzierwachs wird in Kreuzform oder in Streifen auf die vorher markierte Stelle der Kerze gedrückt. Die Jahreszahl und das A und Ω werden von den Erwachsenen ausgeschnitten und aufgeklebt.
Kleinere Kinder können einfache Blumenformen aus dem bunten Wachs ausschneiden und auf die Kerze drücken. Mit einer erwärmten Stricknadelspitze können zusätzlich noch Muster eingeritzt werden.
Mit den gemeinsam gestalteten Osterkerzen läßt sich an der Ostertafel ein Spiel entwickeln.
Wir stellen die Osterkerze auf den Tisch und decken einen großen Blumentopf (mit einer Öffnung, damit sie nicht erlischt) darüber: Jesus ist im Dunkeln im Grab.
Nun nehmen wir den Blumentopf fort, so daß die Kinder das Kerzenlicht sehen können: Die Ostersonne leuchtet – ein Zeichen, daß Jesus lebt.
Wenn wir die Kerze oder mehrere Kerzen hoch auf einen Schrank oder auf einen Hocker stellen, wird das Licht immer heller und leuchtet in alle Ecken des Raumes: Überall in der Welt freuen sich die Menschen an der hellen Ostersonne.
Wir können auch eine große Osterkerze in die Mitte der Tafel stellen. Die Kinder holen sich mit

ihren kleinen Kerzen das Licht von der großen Kerze und wandern dann in einer Osterprozession durch den Raum oder durch den Garten. Dabei können verschiedene Osterlieder gesungen werden.
Die Ostersonne kann im Anschluß an das gemeinsame Mahl mit Fingerfarben leuchtend auf große Pappbögen gemalt werden und den Raum schmücken. Sie kann auch mit gelben und orange-farbenen Wollfäden aufgeklebt werden. Mit Hilfe der Eltern können die Kinder auch eine Batik-Sonne [5] gestalten.

---

[5] Barbara Cratzius, Mit Kindern Heilige feiern. Verlag Herder, Freiburg.

ERZÄHLUNG – GESCHICHTE

Auch die Geschichte von den Jüngern von Emmaus und die Begegnung am See Tiberias läßt sich vor den Kindern während einer österlichen Tischgemeinschaft entfalten.

Auf dem Weg nach Emmaus (nach Luk. 24, 13–35)

Zwei der Jünger wandern von Jerusalem nach Emmaus. Sie sind traurig. Es ist drei Tage her, daß Jesus gestorben ist und begraben wurde.
Sie sprechen darüber, was sie am Morgen in Jerusalem gehört haben. Maria Magdalena, Johanna und Maria, die Mutter des Jakobus, sind zum Grab gewandert. Aber das Grab ist leer gewesen. Ein Engel ist ihnen erschienen und hat gesagt: „Was sucht ihr den Lebendigen bei den Toten? Er ist auferstanden!" Die Jünger zweifeln. Vielleicht hat jemand den Leichnam weggenommen. „Gott hat Jesus nicht geholfen", sagen sie, „wir sind allein und verlassen."
In diesem Augenblick tritt aus einem Seitenweg ein Fremder. „Darf ich mit euch gehen?" fragt er. „Warum seid ihr so traurig?" „Weißt du denn nicht, was in diesen Tagen in Jerusalem geschehen ist? Jesus von Nazareth ist zum Tode verurteilt und ans Kreuz genagelt worden." – „Alles ist Gottes Wille", spricht der Fremde. „Ich will es euch erklären."
Kleophas und der andere Jünger hören ihm aufmerksam zu. Ganz getröstet fühlen sie sich, während sie den Worten des Fremden lauschen.
Allmählich wird es dunkler. Das Dorf Emmaus taucht auf. Der Fremde will sich verabschieden. „Herr, bleibe bei uns", bittet Kleophas, „es will Abend werden." Der Fremde setzt sich zu ihnen an den Tisch. Er nimmt das Brot, segnet es, bricht es in Stücke und reicht es den Jüngern. Da erkennen sie ihn: Jesus, ihren Herrn!
Er verschwindet vor ihren Augen. – Sie laufen in die Nacht hinaus. Aber in ihrem Herzen ist es nicht dunkel: „Wie Feuer hat es in unseren Herzen gebrannt, als er neben uns ging und zu uns sprach."
Voller Freude kehren sie nach Jerusalem zurück und verkündigen die frohe Botschaft: „Unser Herr lebt! Jesus ist wirklich auferstanden! Wir sind nicht mehr allein! ER ist mitten unter uns!"-

Lied der Emmausjünger

Text: Barbara Cratzius
Melodie: Paul G. Walter

1. Wir kom-men von Je - ru - sa-lem, und un - ser Herz ist schwer.

Wir sind ver - las - sen und al - lein, denn Je - sus lebt nicht mehr.

2. Wir gehn den Weg nach Em - ma - us. Was un-serm Herrn ge-schehn,

daß er nun nicht mehr bei uns ist, das kann nie-mand ver-stehn.

3. Wir gehn den Weg nach Emmaus.
   Ein Fremder zu uns tritt
   und geht mit uns den langen Weg
   an unsrer Seite mit.

4. Wir gehn den Weg nach Emmaus.
   Der Fremde zu uns spricht.
   Wir spüren in der Dunkelheit
   ein tröstlich helles Licht.

5. Wir gehn den Weg nach Emmaus.
   Die Nacht bricht still herein.
   Da bitten wir den Fremden: „Komm,
   bei uns zu Gast zu sein."

6. Nun bricht der Fremde uns das Brot.
   Da sehen wir den Herrn.
   Er ging mit uns den langen Weg.
   Er lebt, ist nicht mehr fern.

7. Wir lau - fen nach Je - ru - sa - lem und kün - den, was ge-schehn.

Er lebt, der Herr, er ist bei uns. Wir ha - ben ihn ge - sehn.

Wir beten

Herr Jesus Christus,
die beiden Jünger auf dem Weg nach Emmaus waren traurig. Du hast ihnen die Augen geöffnet und gezeigt, daß du lebst und bei ihnen bist. Laß auch uns froh werden, weil du lebst. – Die Jünger haben eine große, brennende Freude empfunden. Sie haben andere mit ihrer Freude angesteckt. – Laß auch uns die Osterfreude weitertragen! Amen.

Guter Gott,
in den Tagen um Ostern beginnt auf den Feldern die Saat zu wachsen. So sollen auch wir wachsen, denn Jesus hat uns neues Leben geschenkt. Sein Geist soll in uns lebendig sein und uns mit Freude und Begeisterung erfüllen. In unserem Leben dürfen Unfrieden, Neid und Feindschaft keinen Platz mehr haben. Herr, hilf, daß Frieden in unseren Herzen einkehrt und daß wir auch anderen Menschen Frieden bringen. Amen.

Lieber Gott,
wir danken dir, daß du Jesus auferweckt hast. Mit der großen Osterfreude kommt Licht in unser Leben. Wir möchten dieses Licht und diese Freude allen Menschen bringen, denen wir heute begegnen. Dazu hilf uns. Amen.

Herr Jesus Christus,
du hast den traurigen Jüngern im Boot am See Tiberias neuen Mut geschenkt. Du hast mit ihnen das Mahl geteilt und sie frohgemacht.
Du hast den Tod besiegt und lebst auf neue Weise mit uns. Du hast gesagt: Ich lebe, und ihr sollt auch leben. Vielen Menschen wollen wir davon erzählen und unsere Osterfreude weitertragen. Amen.

Entnommen aus: Barbara Cratzius, Kinder im Kirchenjahr, Brunnen Verlag 1984.

Die Gemeinschaft am See Genezareth

(nach Joh. 21, 1–14)

Einige Zeit ist es her, daß Jesus den Jüngern bei Emmaus begegnet ist. Am Ufer des Sees Genezareth stehen die Jünger. Petrus sagt: „Wir wollen hinaus zum Fischen fahren!" Sie rudern auf den See und werfen die Netze aus. Sie arbeiten die ganze Nacht, aber sie fangen keinen einzigen Fisch. Traurig kehren sie ans Ufer zurück.
In der Morgendämmerung sehen sie am Seeufer einen Fremden stehen. Es ist Jesus, aber sie erkennen ihn nicht. Der Fremde ruft: „Habt ihr nichts gefangen?" – „Nicht einen einzigen Fisch", antworten sie. – „Dann werft noch einmal eure Netze auf der rechten Seite des Bootes aus", ruft er. Sie gehorchen ihm und fangen so viele Fische, daß sie die Netze kaum hochziehen können. Da spürt Johannes: Es ist der Herr!
Petrus springt ins Meer und schwimmt ihm entgegen. Die anderen Jünger rudern hinterher. Warm und vertraut glüht das Kohlenfeuer am Ufer. Sie setzen sich nieder. Die Fische liegen auf der Glut. Auch Brot ist bereit. Jesus bricht das Brot und teilt die Fische. Nun wissen sie es alle: Jesus ist bei ihnen. Er gehört zu Gott, und doch lebt er mitten unter ihnen. Sie wissen es ganz sicher.

Osterlied für Kinder

Text: Barbara Cratzius Melodie: Herbert Ring

1. Laßt das Trauern, laßt das Klagen, hört, was heute ist geschehn! Unser Herr ist auferstanden, wir haben selber ihn gesehn.

2. Öffnet die verschloss'nen Türen, seht das helle Osterlicht! Hört, wir sind nicht mehr verlassen, so glaubt es und fürchtet euch nicht!

3. Unser Herr geht uns zur Seite, hört, das haben wir gespürt! Durch das Licht und durch das Dunkel wir werden beschützt und treu geführt.

Wir binden und schmücken einen Osterkranz

Den Ostertisch kann auch ein bunter Osterkranz schmücken. Ein Osterkranz erinnert uns an den Adventskranz und an den Erntekranz. Wir können den Kindern sagen, daß der Kranz an keiner Stelle aufhört, so wie Gottes Liebe zu uns nicht aufhört, sondern immer bleiben wird.

Aus Buchsbaum kann der Kranz gebunden werden. Er wird mit Kordeln oder Schleifen an einem Vierkantstab aufgehängt. Der Stab kann mit Plakafarben bemalt werden. Er wird in einen Blumentopf gestellt, der mit Sand gefüllt ist. Bunt verzierte Eier können den Krank schmükken.

Wir färben und bemalen Ostereier

Habt ihr schon einmal Ostereier gefärbt? Mit Naturfarben bekommt ihr wunderschöne Farbtöne. Dazu eignen sich Zwiebelschalen, Nußschalen, grüner Mate-Tee, Birkenblätter, Holunder- und Efeublätter, aber auch Heidelbeeren, Holunderbeeren und Schlehen (Dicksaft).
Ihr könnt eure Eier auch noch auf besondere Weise verzieren. Legt Gräser oder kleine Blätter um das Ei und umwickelt es mit einem Leinenlappen. Nach dem Färben werdet ihr sehr schöne zarte Muster sehen. Wenn ihr das fertig geschmückte Ei mit einer Speckschwarte abreibt, bekommt es einen schönen matten Glanz.
Für die Kleinsten unter euch wird es ganz besonders Spaß bringen, wenn sie mit Fingerfarben die Eier verzieren. Dabei müßt ihr sehr vorsichtig mit dem Ei umgehen. Ihr könnt die schöne längliche Eiform auf diese Weise gut tasten und erfühlen.
Ihr könnt eure Eier natürlich auch ganz bunt mit Wachsmalkreiden oder mit Filzstiften verzieren.

Wir backen Osterfiguren

Ihr braucht dazu:

2 Eßlöffel gutes Öl oder Butter
4 Eßlöffel Honig
2 Eßlöffel Wasser
etwas Salz
etwas Vanille
2 Eigelb
Zitronenschale einer unbehandelten Zitrone
1 Eßlöffel Zitronensaft
250 g Weizenvollkornmehl
100 g geriebene Mandeln oder Haselnüsse
Backpulver (ein halbes Päckchen)

Ihr erwärmt Öl (Butter), Wasser und Honig in einem Kochtopf und gebt es in die Rührschüssel. Dann rührt ihr das Eigelb darunter und gebt das mit dem Backpulver vermischte Mehl und die Gewürze dazu. Alles wird gut verknetet. Nun muß der Teig eine Stunde im Kühlschrank ruhen. Dann rollt ihr ihn auf einem Backbrett aus, das mit Mehl bestäubt ist. Danach stecht ihr eure Osterfiguren aus: Lämmchen, eine Ostersonne, Ostereier. Der Ofen wird auf 180° vorgeheizt, das Backblech wird eingefettet, die Kekse werden draufgelegt. Ihr könnt die Figuren mit einer Flüssigkeit aus 2 mit 5 Eßlöffeln verquirlten Eidottern bestreichen. Ihr backt sie etwa 15 Minuten lang.

Ob ich zu Ostern wieder nach Hause darf?

In der Nacht hat Anne ganz schlimme Bauchschmerzen bekommen. Morgens hat Mutter gleich den Doktor angerufen. „Tut's hier weh?" fragt der Doktor und drückt auf die rechte Bauchseite.
Anne schreit auf vor Schmerzen. „Ich bestelle sofort den Krankenwagen. Ich bin sicher, daß der Blinddarm entzündet ist!" sagt er.
„Muß sie gleich operiert werden?" fragt Mutter besorgt. „Ja, je eher, desto besser; aber keine Angst, in einer guten Woche ist sie wieder auf den Beinen!" meint der Doktor.
Aber diese Woche kommt Anne endlos lange vor. Alles ist so fremd im Krankenhaus, die Ärzte mit den weißen Kitteln, der große Operationssaal, die vielen blinkenden Instrumente.
„Kannst du schon bis zehn zählen?" fragt der freundliche Narkosearzt. „Aber natürlich!" sagt Anne ganz entrüstet. Bei „fünf" ist sie dann schon eingeschlafen.
Als sie aufwacht, hat sie schrecklichen Durst. Und auf dem Bauch hat sie so ein schweres Ding, das drückt ganz schrecklich. Wenigstens liegt der Schmuseteddy neben ihr. Den hat sie noch schnell aus der Puppenecke geholt, als der Krankenwagen kam.
„Ach, Teddy, tut dir der Bauch auch so weh?" fragt sie leise. Teddy brummt. „Was jetzt wohl Tini und Susi und Tim im Kindergarten machen. Die basteln bestimmt die niedlichen braunen Papphasen für das Osterfest. Oder sie malen Eier an mit Fingerfarben und Tusche. Ob die Zweige in der großen Tonvase auf dem Schrank wohl schon aufgeblüht sind? Die haben Tini und Suse aufgesammelt, als die Gärtner die Hecken geschnitten haben. Und das Kressebeet vor dem Fenster sieht bestimmt auch schon ganz grün aus. Ach, Teddy, wenn wir Ostern bloß wieder nach Hause dürfen!" flüstert Anne.

Wie lange so ein Tag im Krankenhaus dauert! Mutti und Vati kommen ja jeden Tag, aber so viele Stunden ist Anne allein. Die Kinder in den Nachbarbetten sind alle größer, die können schon lesen und stehen auf.
„Darf ich wohl zu Ostern nach Hause?" fragt Anne den freundlichen Oberarzt. „Also – versprechen kann ich's heute noch nicht, der Blinddarm war immerhin sehr vereitert!" sagt der Doktor.
„Ach, ich hab' mich so auf die Osterfeier in der Kirche gefreut!" sagt Anne. „Wir haben doch all die schönen Osterkerzen im Kindergarten verziert. Und ich sollte doch zum ersten Mal die Feier in der Osternacht in der Kirche mitfeiern dürfen. Auf das große Osterfeuer und auf den geschmückten Brunnen am Rathausplatz habe ich mich auch schon so gefreut."
Anne ist ganz still. „Teddy, ich muß ganz schnell gesund werden, Ostern will ich nicht mehr in dem blöden Krankenhausbett liegen!" flüstert sie dem Teddy in sein abgeknicktes Ohr. Teddy brummt.
Am Tag vor Ostern stehen Mutter und Vater mit einer großen Tasche und warmen Decken vor der Tür. „Du darfst mit nach Haus", ruft Mutter fröhlich, „aber du darfst noch nicht herumlaufen, sondern mußt noch ein paar Tage brav im Bett liegen!" sagt Mutter.
„Hurra!" schreit Anne.
Am Ostermorgen rückt Vater Annes Bett ganz nahe ans Terrassenfenster. Da kann sie sehen, wie die Birkenzweige schon ganz grün geworden sind. Und da – bei den noch kahlen Rosen schimmert etwas Buntes hinter den Schneeglöckchen hervor.
„Das ist mein schönstes Ostergeschenk, daß ich Ostern wieder zu Hause sein darf!" sagt Anne glücklich. „Und mein Bauch tut auch nicht mehr weh!"
Mutter zündet die Osterkerze neben ihrem Bett an. Der Schein macht das Zimmer ganz hell und festlich.
Und draußen scheint die Ostersonne. Sie malt lustige Kringel auf Annes Bettdecke.
Oben auf der höchsten Spitze der Birke singt eine Amsel.

Teil 1: September
bis Februar
128 Seiten, kart.
ISBN 3-451-22546-8

Teil 2: März bis
August
128 Seiten, kart.,
ISBN 3-451-22962-5

„Geschichten vom Zusammensein" nennt Christine Merz ihre neuen Vorlesegeschichten für den Kindergarten. Die Geschichten um die beiden Plüschtiere Kiki und Dassi in der Kindergruppe machen Spaß beim Lesen und geben hilfreiche Denkanstöße für das Zusammensein.

Im Buchhandel erhältlich